SJPC 上海三联书店

目录

前　言

《管子》是托名春秋前期齐国政治家管仲的一部著作。说它托名，有两层意思：一是《管子》并非管仲本人所著；二是《管子》又与管仲本人有密切联系。前者要求我们不能把《管子》完全看作管仲的思想，后者则要求我们谈论《管子》不能离开管仲的思想。正确看待《管子》与管仲的关系，有助于对《管子》一书思想内容的把握。

多数人认为，《管子》是管仲学派的著作。管仲学派是战国齐国稷下学宫时期，旨在继承和发展管仲思想而形成的一个学术团体。当时的稷下学宫，云集了各国学者，他们定期集会，相互辩论，极力鼓吹自己的学术主张；他们授徒讲学，著书言治乱，并以之干谒世主。郭沫若《十批判书》说："齐国在威、宣两代，还承继着春秋末年养士的风习，曾成为一时学者荟萃的中心，周、秦诸子的盛况是在这儿（注：指稷下学宫）形成了一个最高峰的。"可以说，我们经常提到的先秦诸子百家争鸣，就是以稷下学宫的学术活动为中心的。

这样的学术背景，使管仲学派的著作——《管子》具备了以下特征：一、一流的学术品质。《管子》文章见解独到，思想精深，足以代表战国思想家的学术水准；二、积极的从政意识。《管子》高谈阔论的东西少，掷地有声的为政方策多，是一部实实在在的治世宝典；三、博大的文化内涵。正如稷下学宫是一个百家聚结的场所，《管子》也以一书荟萃了九流十家，浓缩了战国学术；四、不凡的理财之术。《管子》论述政府如何理财的轻重谋略，成为历朝历代赈济灾民、解决财政危机的首选。

关于管仲，我们可以这样定位：一、他是两千多年前华夏文明的捍卫者，是中华大一统思想的先驱；二、他是中国古代成就卓著的改革家之一，被梁启超誉为“中国之最大政治家”（《管子传》）；三、他是法家思想的奠基者，开创了我国古代以法治国的传统。尽管对于《管子》中有无管仲遗著这一问题众说纷纭，但诵读《管子》，总会唤起对这位历史伟人的崇敬之情。

管仲，约生于公元前730年，卒于公元前645年，其时正值周平王东迁不久。由于王室日渐衰落，各地诸侯不再把天子放在眼里，周边的夷、狄、蛮、戎等少数民族也经常来骚扰，天下亟须一个维护周天子尊严、制止蛮夷猖獗的诸侯霸主。这一“尊王攘夷”的历史重任由齐桓公和管仲自觉地担当起来。

身为齐桓公的相，管仲表现出卓越的治世才华。上任初始，他便着手改革内政，让士农工商分业定居，在各自划定的生活区域内专心生产；把齐国分为三个乡、五个鄙，实施中央集权下的地方自治；按照土地的实际产出而不是依田亩的多少均地征税；建立行政管理与军事训练合而为一的军政一体化组织；鼓励工商业发展，积极对外通商；执行自下而上逐级推举、择优录用的三选制度；实施既怀且威、德政与法治并用的统治之术。此外，他还积极开展邻国外交，如划定疆界、归还所侵领土，派遣专员周游四方从事间谍工作，以财货贿赂他国要员，等等。在管仲的精心策划下，齐国从一个“内乱无已时”“蜩唐沸羹”的贫国、乱国（梁启超《管子评传》），一跃成为享誉天下的强国、富国。七年之后，齐国称霸，霸业延续近四十年。管仲相桓公的历史功绩得到圣人孔子的称赞。他说：“桓公九合诸侯，不以兵车,管仲之力也！如其仁！如其仁！”又说“管仲相桓公，霸诸侯，一匡天下，民到于今受其赐。”（《论语·宪问》）

在齐国,管仲对后人的影响是巨大而深远的。据《国语·晋语》，嫁给晋公子重耳的齐姜氏，在管仲去世多年后，仍能对管仲的施政措施背诵如流。桓公之后的历代齐国国君，都希望能得到像管仲这样的英才辅佐。齐相晏婴，是管仲之后一位了不起的政治家，可当时的齐景公依然不满足，经常鼓励他向管仲看齐。战国时期，几代齐国国君励精图治，一直想重建桓公、管仲的辉煌业绩。在称王图霸的心理驱动下，齐国人便有了营造稷下、招贤纳士的举动。这样说来，产生于学宫内部，旨在继承和发展管仲思想，以帮助齐国统治者实现王霸梦想的管仲学派的应运而生，便不足为奇了。

战国时期，管仲学派的著作开始在齐国内外散布传播。《韩非子·五蠹》说："今境内之民皆言治，藏商、管之法者，家有之。"西汉初期，贾谊、晁错将它们作为"经本"传授，这些著作遂赢得"汉世行书"的美誉（叶适《习学记言》）。汉成帝时，刘向奉诏领校群籍，在广泛搜集管仲学派著作的基础上，删复存异，《管子》一书于是有了定本。

《管子》总计八十六篇，分别是"经言"九篇，"外言"八篇，"内言"九篇，"短语"十八篇，"枢言"五篇，"杂篇"十三篇，"管子解"五篇，"轻重"十九篇。现在我们看到的仅余七十六篇，有十篇已经亡佚了。总体来说，"经言""内言"比较接近管仲思想，其中或许保留了管仲的一些治世言论。其他篇章，多是管仲学派对管仲思想的发展演绎，更多地反映了战国百家的学术面貌。

民国罗根泽曾对《管子》作这样的评价："考《汉志》，《管子》八十六篇，今亡者才十篇，在先秦诸子，裒为巨帙，远非他书可及。《心术》《白心》，诠释道体，《老》《庄》之书，未能远过；《法法》《明法》，究论理法，《韩非·定法》《难势》，未敢多让；《牧民》《形势》《正世》《治国》，多政治之言；《轻重》诸篇又为理财之语；阴阳则有《宙合》《侈靡》《四时》《五行》；用兵则有《七法》《兵法》《制分》；地理则有《地员》；《弟子职》言礼；《水地》言医；其他诸篇，亦率有孤诣。

各家学说，保存最夥，诠发甚精，诚战国秦汉学术之宝藏也。宝藏在前而不知用，不以大可惜哉！”（《〈管子〉探源》）

在亿万国人努力实现民族复兴的伟大时代，重温历史，弃粗存精，推动社会主义文化大发展大繁荣，是我们义不容辞的责任。有鉴于此，我们译注了《管子》。由于篇幅、体例的限制，只能选取其中最有代表性的篇章，以飨读者。

本书以上海涵芬楼影宋刊杨忱本为底本，同时参考了历代学者的诸多研究成果。由于学识有限，书中错讹实难避免，恳请读者批评、指正。

耿振东

2013 年 10 月

牧 民

题解

牧民，就是统治、蓄养人民。它作为《管子》的首篇出现有特别的含义，说明《管子》这本书主要讲述为政者应如何治理国家。《牧民》涉及政治、经济、军事、教育等多个方面，内容极为丰富；它提出的许多观点，如“务在四时，守在仓廪”“仓廪实则知礼节，衣食足则知荣辱”“禁文巧”“授有德”“严刑罚”“信庆赏”“量民力”“顺民心”，不仅是贯穿全书的主线，且成为后人为政治世的指导性思想。《牧民》在《管子》一书中具有特殊的地位和意义，可以说，读懂了《牧民》，就把握住了《管子》的精神实质。

《牧民》不仅思想博大精深，文字的艺术表现力也很强。篇中多对偶用韵，读起来朗朗上口；多用排比加顶真的复合修辞，既增强了文章的气势，又环环相扣，显示出文章内在的逻辑性。这种艺术风格，在后面的文章中亦多有体现。

凡有地牧民者①，务在四时②，守在仓廪③。国多财则远者来，地辟举则民留处。仓廪实则知礼节，衣食足则知荣辱。上服度则六亲固④，四维张则君令行⑤。故省刑之要在禁文巧⑥，守国之度在饰四维⑦。

顺民之经[8]，在明鬼神、祇山川、敬宗庙、恭祖旧。不务天时则财不生，不务地利则仓廪不盈。野芜旷则民乃荒[9]，上无量则民乃妄。文巧不禁则民乃淫，不障两原则刑乃繁[10]。不明鬼神则陋民不悟，不祇山川则威令不闻，不敬宗庙则民乃上校[11]，不恭祖旧则孝悌不备。四维不张，国乃灭亡。

右国颂[12]。

注释

①有地牧民：占有土地蓄养人民，即治理国家。

②四时：一年四季的农活。

③仓廪：粮仓，这里指粮食储备。

④服度：遵守礼仪制度。

⑤四维：即下文将要提及的礼、义、廉、耻。

⑥文巧：奢侈品的生产、使用。

⑦饰：通“饬”，整理、整顿。

⑧顺：通“训”，教育、教训。

⑨荒：逃离、逃亡。

⑩障：堵塞，杜绝。两原：文巧的生产、使用。

⑪校：闻一多说：“‘校’读为姣。《广雅·释言》：‘姣，侮也。’通作‘佼’。”这里指轻侮其上。

⑫国颂：治国之法。颂，通“容”。《广雅·释诂》：“容，法也。”

译文

治理国家，必须指导人民抓好四时农业生产，保证充足的粮食储备。国家富有，远方的人就会来归附；土地大量开垦，人民就会留下来居住。粮食充足，人民就懂得礼节；丰衣足食，人民就懂得荣辱。君主遵循法度，亲属之间才能团结一致；倡导礼义廉耻，君主政令才能贯彻执行。减少刑罚的关键，在于禁止奢侈品的生产和使用；国家长存的方法，在于整顿人民的四维观念。教育人民的主要措施，在于使人民对鬼神、山川、祖先、宗亲旧臣有尊崇、敬畏之感。违反四时节令，生产不出财富；不致力于农事，粮仓不会充盈。土地荒芜空旷，人民就会四散逃亡；统治者征敛没有限度，人民就会犯上作乱。奢侈品的生产、使用不能禁止，人民就会淫荡放纵；不堵塞文巧的生产、使用这两条祸根，刑罚就会日趋频繁。不敬重鬼神，粗野之民就无从顿悟；不祭祀山川，威法重令就无从颁行；不敬奉祖宗，人民就会轻侮其上；不尊重宗亲故旧，孝悌之心就不完备。礼、义、廉、耻不发扬光大，国家就会灭亡。

以上是“国颂”。

国有四维[①]。一维绝则倾，二维绝则危，三维绝则覆，四维绝则灭。倾可正也，危可安也，覆可起也，灭不可复错也[2]。何谓四维？一曰礼，二曰义，三曰廉，四曰耻。礼不逾节[3]，义不自进[4]，廉不蔽恶，耻不从枉。故不逾节则上位安，不自进则民无巧诈，不蔽恶则行自全[5]，不从枉则邪事不生。

右四维。

注释

①维：刘绩说："维，网罟之纲。所以张之者，此四者所以立国。故曰维。"

②错：通"措"，安置。

③节：等级规范。

④自进：不经过推荐，自己投机钻营。

⑤自全：完美。

译文

有四条维系国家安危的准绳。一条断了，国家就会倾斜；两条断了，国家就会危险；三条断了，国家就会倾覆；四条断了，国家就会灭亡。倾斜可以扶正，危险可以挽救，倾覆可以再起，灭亡就不可收拾了。这四条准绳是什么呢？一是礼，二是义，三是廉，四是耻。礼，就是不逾越等级规范；义，就是不妄自钻营；廉，就是不掩饰过错；耻，就是不走歪路。所以，不逾越规范，君主的地位就安定；不妄自钻营，人民就不会巧谋欺诈；不掩饰过错，人民行为就自然端正；不走歪路，邪恶的事情就不会发生。

以上是“四维”。

政之所兴[1]，在顺民心。政之所废，在逆民心。民恶忧劳，我佚乐之[2]。民恶贫贱，我富贵之。民恶危坠，我存安之。民恶灭绝，我生育之。能佚乐之则民为之忧劳，能富贵之则民为之贫贱，能存安之则民为之危坠，能生育之则民为之灭绝。故刑罚不足以畏其意，杀戮不足以服其心。故刑罚繁而意不恐，则令不行矣。杀戮众而心不服，则上位危矣。故从其四欲则远者自亲[3]，行其四恶则近者叛之[4]。故知予之为取者，政之宝也。

右四顺。

注释

①兴：兴起，推行。

②佚：通“逸”，安逸。

③四欲：指上面说的“佚乐”“富贵”“存安”“生育”四种欲望。

④四恶：指上面所说的“忧劳”“贫贱”“危坠”“灭绝”四种厌恶的东西。

译文

政令之所以推行，在于顺应民心；政令之所以废弛，在于违背民心。人民厌恶忧劳，我就使他们安逸；人民厌恶贫贱，我就使他们富贵；人民害怕危险失败，我就使他们安定；人民害怕断绝后嗣，我就使他们生育繁衍。能使人民安逸，他们就会为此承受忧劳；能使人民富贵，他们就会为此忍受贫贱；能使人民安定，他们就会为此承担危难；能使人民生育繁衍，他们就会为此献出生命。所以，刑罚不足以使人民畏惧，杀戮不足以使人民心服。刑罚繁多人民却不畏惧，政令就无法推行了；杀戮众多民心却不顺服，君主的地位就危险了。因此，满足人民上述四种愿望，远方的人就会来归附；强行推行上述四种厌恶的事情，亲近的人也会叛离。由此可见，懂得给予就是取得的道理，就是掌握了治国的法宝。

以上是“四顺”。

错国于不倾之地①，积于不涸之仓，藏于不竭之府，下令于流水之原②，使民于不争之官③，明必死之路，开必得之门。不为不可成，不求不可得，不处不可久，不行不可复。错国于不倾之地者，授有德也。积于不涸之仓者，务五谷也。藏于不竭之府者，养桑麻、育六畜也。下令于流水之原者，令顺民心也。

使民于不争之官者，使各为其所长也。明必死之路者，严刑罚也。开必得之门者，信庆赏也[④]。不为不可成者，量民力也。不求不可得者，不强民以其所恶也。不处不可久者，不偷取一时也[⑤]。不行不可复者，不欺其民也。故授有德则国安，务五谷则食足，养桑麻、育六畜则民富，令顺民心则威令行，使民各为其所长则用备，严刑罚则民远邪，信庆赏则民轻难，量民力则事无不成，不强民以其所恶则诈伪不生。不偷取一世则民无怨心，不欺其民则下亲其上。

右十一经。

注释

①错：通“措”，安置。

②流水之原：水的源头，借指事物的根本。

③官：职业、行业。

④信：守信用。

⑤偷取一时：贪图眼前的利益。

译文

把国家建立在稳固的基础上，把粮食积存在取之不尽的粮仓里，把财货贮藏在用之不竭的府库里，把政令颁发在事物根本的位置上，把人民安置在没有争执的职位上，使人民清楚犯罪必死的道路，向人民敞开立功必赏的大门。不去做不可能成功的事情，不追求不应该得到的利益，不立足于难以持久的地位，不去做不可再行的事情。把国家建立在稳固的基础上，就是把政权交给有德行的人；把粮食积存在取之不尽的粮仓里，就是要努力从事粮食生产；把财货贮藏在用之不竭的府库里，就是要种植桑麻、饲养六畜；把政令颁发在事物的根本上，就是政令要顺应民心；把人民安置在没有争执的职位上，就是要人民各尽所长。使人民清楚犯罪必死的道路，就是要申明刑罚；向人民敞开立功必赏的大门，就是要奖赏信实；不去做不可能成功的事情，就是要度量民力；不追求不应该得到的利益，就是不用人民所厌恶的方式去强迫他们做事；不立足于难以持久的地位，就是不贪图一时的侥幸；不去做不可再行的事情，就是不欺骗人民。这样，把政权交给有德行的人，国家就会安定；努力从事农业生产，粮食就会充足；种植桑麻、饲养六畜，人民就会富裕；政令顺应民心，威令就能贯彻；使人民各尽所长，器用就能齐备；申明刑罚，人民就会远离邪恶；奖赏信实，人民就会不怕危难；度量民力，事情就没有不成功；不用人民所厌恶的方式去强迫他们，欺诈虚伪的行为就不会发生；不贪图一时的侥幸，人民就没有怨恨；不欺骗人民，人民就会拥戴君主。

以上是“十一经”。

以家为乡[①]，乡不可为也。以乡为国，国不可为也。

以国为天下，天下不可为也。以家为家，以乡为乡，以国为国，以天下为天下。毋曰不同生[②]，远者不听。毋曰不同乡，远者不行。毋曰不同国，远者不从。如地如天，何私何亲？如月如日，唯君之节[③]。御民之辔[④]，在上之所贵。道民之门[⑤]，在上之所先。召民之路，在上之所好恶。故君求之则臣得之，君嗜之则臣食之，君好之则臣服之，君恶之则臣匿之。毋蔽汝恶，毋异汝度[⑥]，贤者将不汝助。言室满室，言堂满堂[⑦]，是谓圣王。

城郭沟渠不足以固守，兵甲强力不足以应敌，博地多财不足以有众。惟有道者，能备患于未形也，故祸不萌。天下不患无臣，患无君以使之。天下不患无财，患无人以分之。故知时者可立以为长，无私者可置以为政[⑧]。审于时而察于用，而能备官者[⑨]，可奉以为君也。缓者后于事，吝于财者失所亲，信小人者失士。

右六亲五法。

注释

①为：治理。乡：按《管子·小匡》，五家为轨，十轨为里，四里为连，十连为乡。

②同生：同属一个家族。生，通“姓”。

③节：节度，气度。

④辔：马缰绳，这里指治理人民的手段。

⑤道：通“导”，引导。

⑥异：通“易”，改变。

⑦言室满室，言堂满堂：在室内讲话，要让全室的人听到；在堂内讲话，要让全堂的人听到。这里指君主说话办事公开，没有隐藏。

⑧政：同“正”，长官。

⑨备官：任用、调配官吏。

译文

按照治家的方法治乡，乡不能治好；按照治乡的方法治国，国不能治好；按照治国的方法治天下，天下不能治好。要按照治家的方法治家，按照治乡的方法治乡，按照治国的方法治国，按照治天下的方法治天下。不要因为不同姓，就不听取外姓人的意见；不要因为不同乡，就不采纳外乡人的办法；不要因为不同国，就不听从他国人的建议。要像天地一样，对待万物没有亲疏；要像日月普照一切，这才是君主的风范气度。驾驭人民的方法，在于君主重视什么；引导人民的法门，在于君主提倡什么；号召人民的途径，在于君主喜好什么、厌恶什么。所以，君主追求的东西，臣下想拥有；君主爱吃的东西，臣下想品尝；君主喜欢的事情，臣下想实践；君主厌恶的事情，臣下想规避。不要掩蔽你的过错，不要改变你的法度，否则贤能的人将不会帮助你。在室内讲话，要使全室的人听到；在堂上讲话，要使满堂的人听到，这样才称得上是圣明的君主。

城郭沟渠等防御设施，不足以固守城池；强大的兵甲武力，不足以应对敌人；地大物博、财富丰饶，不足以拥有百姓。唯有有道的君主，能够做到防患于未然，灾祸因此不会产生。天下不怕没有贤臣，只怕没有君主去任用他们；天下不怕没有财货，只怕无人去分配它们。所以，洞晓时势的人，可以任用为长官；没有私心的人，可以安排做官吏；审时度势、善理财物，并且能任用、调配官员的人，就可以奉为君主了。遇事迟钝的人将落后于形势，吝啬财物的人将失去亲信，宠信小人的人将失掉贤能的人才。

以上是“六亲五法”。

形　势

题解

本篇一名“山高”，西汉刘向校书时统一以“形势”为题。“形”，指事物的外在形态；“势”，指事物的发展趋势。本篇由自然界的一些现象，论及人类社会存在的普遍规律，进而指出君主应如何利用自己的权势，驾驭大臣，统治万民。文字生动活泼，读起来轻松自如。文中多生活哲理，至今发人深省。

山高而不崩，则祈羊至矣[①]。渊深而不涸，则沈玉极矣[②]。天不变其常，地不易其则，春秋冬夏不更其节，古今一也。蛟龙得水而神可立也，虎豹托幽而威可载也，风雨无乡而怨怒不及也[③]。贵有以行令，贱有以忘卑。寿夭贫富，无徒归也[④]。衔命者[⑤]，君之尊也。受辞者，名之运也[⑥]。上无事则民自试，抱蜀不言而庙堂既修[⑦]。鸿鹄锵锵，唯民歌之。济济多士，殷民化之，纣之失也。飞蓬之问，不在所宾[⑧]。燕雀之集，道行不顾。牺牷圭璧不足以飨鬼神[⑨]，主功有素[⑩]，宝币奚为？羿之道非射也，造父之术非驭也，奚仲之巧非斲削也。召远者，使无为焉。亲近者，言无事焉。唯夜行者独有也[⑪]。

注释

①祈羊：祭山求福的羊。

②沈：同“沉”。极：至，到。

③乡：同“向”，方向。

④无徒归：不是徒然而至，即事物皆有因而至。

⑤衔命：奉命，受命。

⑥名：名分，关系。

⑦抱蜀：抱持祭器。

⑧宾：章炳麟说：“‘宾’与‘听’皆为从，则‘宾’亦得为‘听’。”

⑨牺牷quán：祭祀用的牛羊猪等牲畜。

⑩素：平时的作为。

⑪夜行：暗地里行动，这里指内心行道义。

译文

山势高峻而不崩颓，就有人烹羊设祭；渊潭深邃而不枯竭，就有人投玉求神。天从不变化常规，地从不改变法则，春夏秋冬从不更换节令，从古到今都是一样。蛟龙潜入水中，才可以显露神勇；虎豹深入幽谷，才可以驰骋威猛。风雨没有固定的方向，谁也不会埋怨它。居于上位的人发号施令，居于下位的人忘记卑贱。一个人长寿、短命、贫穷、富有，这些都不是无因而至的。臣子奉行命令，是由于君主地位尊贵；臣子接受指示，是由于君臣名分的作用。君主不谋事，人民就会自己去做事。手执祭器不发话，朝政就会修明。鸿鹄锵锵地鸣叫，人民齐声赞美；西周人才济济，殷遗民皆被感化，这反映出商纣王的过失。没有根据的言论，不在听从的范围之内；燕雀聚集的小事，路上行人也会不屑一顾。用牛羊玉器来供奉鬼神，不一定得到鬼神的保佑。如果君主功业已在平日积累，何必使用珍贵的祭品？后羿善射的诀窍，不在于射箭的动作；造父善驭的奥秘，不在于驾驭的把式；奚仲善于造车的技巧，不在于砍削木材的架势。招徕远方的人民，单凭使者是没有用的；亲近国内的人民，仅凭言语也无济于事。只有内心行德的君主，才能得到国内外人民的支持。

平隰之封[①]，奚有于高？大山之隈[②]，奚有于深？訾讆之人[③]，勿与任大。讹巨者可与远举[④]，顾忧者可与致道。其计也速而忧在近者，往而勿召也。举长者[⑤]，可远见也。裁大者，众之所比也[⑥]。欲人之怀[⑦]，定服而勿厌也[⑧]。必得之事不足赖也，必诺之言不足信也。小谨者不大立，訾食者不肥体[⑨]。有无弃之言者[⑩]，必参于天地也。坠岸三仞，人之所大难也，而猿猱饮焉。故曰：伐矜好专，举事之祸也。不行其野，不违其马。能予而无取者，天地之配也。

怠倦者不及，无广者疑神[⑪]。疑神者在内，不及者在门。在内者将假[12]，在门者将待[13]。曙戒勿怠[14]，后稚逢殃[15]。朝忘其事，夕失其功。邪气袭内，正色乃衰。君不君则臣不臣，父不父则子不子。上失其位则下逾其节，上下不和，令乃不行。衣冠不正则宾者不肃，进退无仪则政令不行。且怀且威，则君道备矣。莫乐之则莫哀之，莫生之则莫死之。往者不至[16]，来者不极[17]。

注释

①隰：低湿的地方。封：土丘。

②隈wēi：山坳，指小沟、小坑。

③訾讆zǐwèi：诋毁好人，称赞坏人。

④讹mó：同“谟”，谋虑。

⑤举长：做事求大利。

⑥比：通“庇”，依赖。

⑦怀：感怀，归顺。

⑧服：行，这里指推行道义。

⑨訾cí：挑食。

⑩无弃之言：不抛弃这些格言。

⑪广：通“旷”。疑：通“拟”。

⑫假：通“暇”。

⑬待：通“怠”。

⑭曙戒：天将曙，戒鼓鸣。这里指黎明。勿：通“忽”，荒忽，忽视。

⑮后稚：指日暮。稚，通“迟”。

⑯往者：指君主。

⑰来者：指臣民。“往者不至，来者不极”，是说君主许诺的事情不兑现，臣民就不会全身心地效力。

译文

低平地方的土丘，怎么能够称为高？大山上的小坑，怎么能够称为深？毁誉贤人吹捧恶人的人，不能委以重任。谋虑远大的人，可以与他共图大业；有忧患意识的人，可以与他共商国是。对于那些谋事迅速、只顾眼前利害的人，离开了就不要召他回来。做事求大利的人能深谋远虑，能裁决大事的人将得到众人的信赖。想要使人民归顺，一定要行德而不可厌倦。自认为完全能做到的事情，往往靠不住；满口承诺的语言，往往不值得信赖。谨小慎微的人，不能成就大事；挑拣食物的人，不能使身体胖起来。能够不放弃以上这些格言的，一定能与天地相媲美。从三仞高的崖岸上跳下来，是人难以做到的，但猴子却能很容易地跳下去喝水。所以说，自我夸耀，独断专行，是做事的祸患啊！虽不到野外奔跑，也不要把马抛弃。能做到只给予而不向人民索取的，那就同天地一样伟大了。

懒惰的人必定落后，勤奋的人办事如神。办事如神的人已经进入室内，落后的人还在门外。进入室内的人从容不迫，在门外的人却疲惫不堪。黎明时玩忽怠惰，日暮时就会遭殃。早晨忘掉了应做的事情，晚上就一事无成。邪气侵入体内，正色就会衰退。君主不像君主的样子，臣子就不像臣子；父亲不像父亲的样子，儿子就不像儿子。君主不按照他的名分做事，臣子就会逾越应守的规范。上下不和睦，政令就无法推行。君主的衣冠不端正，礼宾的官吏就不会肃敬。君主的举止不合乎礼仪，政令就无法贯彻执行。一方面给予关怀；另一方面运用威势，这样为君之道就算是完备了。君主不让百姓安居乐业，百姓就不会为君主分忧；君主不让百姓生育繁衍，百姓就不会为君主献出生命。君主许诺的事情不兑现，臣民就不会全身心地效力。

道之所言者一也[①]，而用之者异。有闻道而好为家者，一家之人也。有闻道而好为乡者，一乡之人也。有闻道而好为国者，一国之人也。有闻道而好为天下者，天下之人也。有闻道而好定万物者，天下之配也。道往者其人莫来[②]，道来者其人莫往[③]。道之所设，身之化也[④]。持满者与天[⑤]，安危者与人[⑥]。失天之度，虽满必涸。上下不和，虽安必危。欲王天下而失天之道，天下不可得而王也。得天之道，其事若自然。失天之道，虽立不安。其道既得，莫知其为之。其功既成，莫知其泽之[⑦]。藏之无形，天之道也。疑今者察之古，不知来者视之往。万事之生也，异趣而同归[8]，古今一也。

注释

①所言者：指其内容。

②道往：失道。

③道来：得道，与“道往”相对。

④身之化：自身与道保持一致。化，融合。

⑤与：顺从。

⑥安危：使危安，即转危为安。

⑦泽：古“释”字。

⑧趣：旨趣，这里指内容。

译文

道的内涵是一样的，但运用起来却各不相同。有人懂得了道用来治理家，他便是治家的人才；有人懂得了道用来治理乡，他便是治乡的人才；有人懂得了道用来治理国家，他便是治国的人才；有人懂得了道用来治理天下，他便是治理天下的人才；有人懂得了道使万物各得其所，那就和天地一样伟大了。失道的君主，人民不会来归附；得道的君主，人民不肯离去。凡道所具备的东西，自身就应该与它保持一致。要使国家保持强盛，就得顺从天道；要使国家转危为安，就要顺从人心。违背了天的法则，即使暂时强盛也必将衰颓；上下人心不和睦，即使暂时安定也必将危亡。要想称王天下却违背了天道，那么称王的理想就不可能实现。顺从了天道，办起事情来自然会成功；违背了天道，即使成功了也不会长久保持。已经顺从了天道的，往往不知道自己是怎样做的；已经成功了的，往往不知道道是怎样离开的。好像隐藏起来没有踪迹，这就是“天道”。怀疑现在的人，可以考察古代；不知未来的人，可以看看过去。万事万物的本性，其具体内容虽有不同，但都同归于一理，这在古今都是一样的。

生栋覆屋[①]，怨怒不及。弱子下瓦，慈母操箠[②]。天道之极，远者自亲。人事之起，近亲造怨。万物之于人也，无私近也，无私远也，巧者有余，而拙者不足。其功顺天者天助之，其功逆天者天围之[③]。天之所助，虽小必大；天之所围，虽成必败。顺天者有其功，逆天者怀其凶[④]，不可复振也[⑤]。

乌集之交[⑥]，虽善不亲。不重之结[⑦]，虽固必解。道之用也，贵其重也[⑧]。毋与不可，毋强不能，毋告不知。与不可，强不能，告不知，谓之劳而无功。见与之友[⑨]，几于不亲。见爱之交，几于不结[⑩]。见施之德，几于不报。四方所归，心行者也。独王之国[⑪]，劳而多祸。独国之君，卑而不威。自媒之女，丑而不信。未之见而亲焉，可以往矣。久而不忘焉，可以来矣。

日月不明，天不易也。山高而不见，地不易也。言而不可复者，君不言也。行而不可再者，君不行也。凡言而不可复、行而不可再者，有国者之大禁也。

注释

①生栋：以新伐木材作为房梁。

②箠chuí：鞭子。

③围：通“违”。

④怀：招致。

⑤振：挽救。

⑥乌集之交：像乌鸦聚集一样的交往。交，交往。

⑦重：重复，再。

⑧重：慎重。

⑨见与之友：故意显示亲密的朋友。见，显示。与，亲密。

⑩不结：疏远。

⑪独王：独断专横。后“独国”同。

译文

用新伐的木材做栋梁会使房屋倒坍，但人们不会怨恨木材；小孩子把房瓦拆下来，慈母却拿起鞭子打他。彻底奉行天道，远方的人会来亲近；违背自然，人为干涉，亲近的人也会产生怨恨。万物对于人来说，没有远近亲疏，但灵巧的人用起来绰绰有余，愚笨的人用起来却常显不足。做事顺应天道，天就会帮助他；做事违背天道，天就会离弃他。天所帮助的人，即使弱小也将变得强大；天所离弃的人，即便暂时成功也终将失败。顺应天道的可以成就功业，违背天道的将会招致灾祸，且无法挽救。

乌鸦聚集般的交谊，表面上看着友善，其实并不亲密；不重合的绳结，即使当前坚固，也一定会被解开。道的运用，贵在慎重。不要结交不可信赖的人，不要勉强去做不可能成功的事情，不要告知不明事理的人。结交不可信赖的人，勉强去做不可能成功的事情，告知不明事理的人，这就叫劳而无功。表面上显示友好，也就接近于不亲密了；表面上显示亲爱，也就接近于疏远了；表面上显示慷慨的恩赐，也就接近于不得所报了。四面八方的人都来归附，是真心实意修德施道的人才能得到的。独断专横的国家，疲于奔命，祸事不断；独断专横的君主，卑下可鄙，没有威望；就像为自己做媒的女子，名声不好且得不到信任。还没有见面就令人亲近的君主，可以去投奔；久别后却又令人难忘的君主，应该去辅佐。

日月有不明亮的时候，但天不会变；高山有看不见的时候，但地不会变。不能重复说的话，君主不应该说；不能重复做的事，君主不应该做。凡是说了不可重复的话，做了不可重复的事，都是一国之君最大的禁忌。

权 修

题解

所谓“权修”，就是修治君主的政权。为此，篇中提出许多积极有益的思想，如重视农业、爱惜民力、教化百姓、崇尚法治等。有些具有明显的超前性，如按劳分配思想：“凡牧民者，以其所积者食之，不可不审也。其积多者其食多，其积寡者其食寡，无积者不食。”这与孔子所说的“有国有家者，不患寡而患不均”形成鲜明对比。在人才培养及统治者应重视人才方面，更是出语精警：“一年之计，莫如树谷；十年之计，莫如树木；终身之计，莫如树人。一树一获者，谷也；一树十获者，木也；一树百获者，人也。我苟种之，如神用之，举事如神，唯王之门。”这比我们经常说的“百年大计，教育为本”形象、生动得多了。

万乘之国[①]，兵不可以无主。土地博大，野不可以无吏[②]。百姓殷众，官不可以无长。操民之命，朝不可以无政。地博而国贫者，野不辟也。民众而兵弱者，民无取也[③]。故末产不禁则野不辟[④]，赏罚不信则民无取。野不辟，民无取，外不可以应敌，内不可以固守。故曰：有万乘之号而无千乘之用，而求权之无轻[5]，不可得也。地辟而国贫者，舟舆饰、台榭广也。赏罚信而兵弱者，轻用众、使民劳也[6]。舟车饰、台榭广则赋敛厚矣，轻用众、使民劳则民力竭矣，赋敛厚则下怨上矣，民力竭则令不行矣。下怨上，令不行，而求敌之勿谋己，不可得也。

欲为天下者，必重用其国[7]。欲为其国者，必重用其民。欲为其民者，必重尽其民力。无以畜之[8]，则往而不可止也。无以牧之，则处而不可使也。远人至而不去，则有以畜之也。民众而可一[9]，则有以牧之也。见其可也，喜之有征[10]。见其不可也，恶之有形。赏罚信于其所见，虽其所不见，其敢为之乎？见其可也，喜之无征。见其不可也，恶之无形。赏罚不信于其所见，而求其所不见之为之化[11]，不可得也。厚爱利，足以亲之。明智礼，足以教之。上身服以先之，审度量以闲之[12]，乡置师以说道之[13]，然后申之以宪令，劝之以庆赏，振之以刑罚[14]。故百姓皆说为善[15]，则暴乱之行无由至矣。

注释

①万乘：万辆兵车。一车配四马为一乘，一乘即一辆兵车。兵车的多少，反映了一个国家的军事实力。

②野：郊野，这里指国境内。

③取：通“趣”，督促。

④末产：指与奢侈品有关的工商业。

⑤轻：削弱。

⑥轻：轻率。

⑦重：重视，爱惜。

⑧畜：养育。

⑨一：统一，步调一致。

⑩征：征验，表现。

⑪化：教化。

⑫闲：挡门的栅栏，引申为防范、约束。

⑬道：通“导”，引导。

⑭振：通“震”，震慑。

⑮说：同“悦”。

译文

万辆兵车的大国，军队不可以没有统帅。疆域辽阔，境内不可以没有官吏。人民众多，官府不可以没有长官。掌控百姓的命运，朝廷不可以没有政令。土地广阔但国家贫穷，是因为土地没有开垦；人民众多但兵力薄弱，是因为人民缺乏督促。所以，不禁止生产奢侈品的工商业，土地就得不到开垦；赏罚不取信于人民，人民就得不到督促。土地得不到开垦，人民得不到督促，对外不能抵御敌人，对内不能固守国土。所以说，空有万辆兵车的虚名，其实力还不及千辆兵车，这样的国家想要君主权力不被削弱，那是不可能的。土地开垦了，但国家依然贫穷，那是因为车马舟楫太豪华、亭台楼榭太多。

赏罚取信于人民但兵力仍然薄弱，那是因为轻易动用民力而使百姓困苦不堪。车马舟楫豪华、亭台楼榭过多，赋税就会繁重。轻易动用民力，使人民困苦不堪，民力就会枯竭。赋税繁重，人民就怨恨朝廷。民力衰竭，政令就无法推行。人民怨恨朝廷，政令无法推行，而妄想敌国不来侵犯自己，那是办不到的。

要想治理好天下，必须慎重使用本国国力；要想治理好国家，必须爱惜使用本国百姓；要想管理好人民，必须避免民力耗尽。没办法养活人民，人民就会离开而不能阻止；没办法管理人民，人民即使留下来也无法使用。远方的人来了不想离开，那是因为有办法养活他们。人口众多却可以统一号令，那是因为有办法管理他们。看到他们做得好而喜悦，要有实际的奖赏；看到他们做得差而厌恶，要有实际的惩罚。赏功罚过，对于赏罚之人有实实在在的奖励与惩处，那么，那些未曾受过赏罚的人，哪敢以己意随便做事呢？看到做得好的，没有实际的奖赏；看到做得差的，没有实际的惩处。对于赏罚之人没有实实在在的奖励与惩处，要想让那些未曾受过赏罚的人也得到教化，那是不可能的。君主能够多向百姓施恩，就可以亲近人民。能够宣扬智慧和礼仪，就可以教育人民。国君以身作则加以示范，审定规章制度加以防范，设置乡师加以指导，然后再用法令加以申明，用奖赏加以鼓励，用刑罚加以威慑。这样，百姓都乐意做好事，暴乱的行为也就没有理由发生了。

地之生财有时，民之用力有倦，而人君之欲无穷。以有时与有倦，养无穷之君，而度量不生于其间，则上下相疾也[①]。是以臣有杀其君，子有杀其父者矣。故取于民有度，用之有止[②]，国虽小必安。取于民无度，用之不止，国虽大必危。

地之不辟者，非吾地也。民之不牧者，非吾民也。凡牧民者，以其所积者食之[③]，不可不审也。其积多者其食多，其积寡者其食寡，无积者不食。或有积而不食者，则民离上。有积多而食寡者，则民不力。有积寡而食多者，则民多诈。有无积而徒食者，则民偷幸[④]。故离上、不力、多诈、偷幸，举事不成，应敌不用。故曰：察能授官，班禄赐予[⑤]，使民之机也[⑥]。

野与市争民[⑦]，家与府争货[⑧]，金与粟争贵[⑨]，乡与朝争治[⑩]。故野不积草，农事先也。府不积货，藏于民也。市不成肆[⑪]，家用足也。朝不合众，乡分治也。故野不积草，府不积货，市不成肆，朝不合众，治之至也。人情不二，故民情可得而御也。审其所好恶，则其长短可知也。观其交游，则其贤不肖可察也。二者不失，则民能可得而官也。

注释

①疾：怨恨。

②止：节制。郭沫若说："止，亦犹度也。"

③积：通"绩"，劳绩，功绩。食：喂养，这里指给予俸禄奖赏。

④偷幸：贪图侥幸。

⑤班：等级。

⑥机：关键。

⑦野与市：农田与市场。

⑧家与府：人民与政府。

⑨金与粟：货币与粮食。

⑩乡与朝：地方与朝廷。

⑪肆：陈列，这里指商铺林立。

译文

土地产出财货受时令的限制，人民耗费劳力有疲倦的时候，可是国君的欲望是无止境的。用生财有时的土地和用力有倦的人民去供养欲望无穷的国君，这中间若没有合理的限度，上下之间就会产生怨恨。于是，臣杀君、子杀父这类事情就产生了。因此，对人民的征取要有限度，使用要有节制，这样的国家虽小也会安定；征收无度，使用没有节制，这样的国家虽大也会陷入困境。

没有开辟的土地，不是自己的土地；得不到治理的人民，不是自己的人民。凡是治理人民，要按照劳绩给予禄赏，对此不可不慎重。劳绩多的禄赏多，劳绩少的禄赏少，没有劳绩的不给予禄赏。如果有劳绩而没有禄赏，人民就会离心离德；如果劳绩多而禄赏少，人民就不会努力工作；如果劳绩少而禄赏多，人民就会弄虚作假；如果没有劳绩却得到禄赏，人民就会贪图侥幸。一旦离心离德、不努力工作、弄虚作假、贪图侥幸的现象发生，君主办事将不会成功，对敌作战时，他们将不会卖力。所以说，考察人的能力授予官职，按照等级赐予禄赏，这是治理人民的关键。

农田与集市常争劳力，人民与府库常争货财，货币与粮食常争贵贱，地方与朝廷常争治理权。因此，土地没有荒芜，是因为把农业放在首位；府库没有积货财，是因为财富藏在民间；市场货物不成堆成列，是因为家用充足；朝廷无人聚众议事，是因为各地分治。因此土地不荒芜，官府不积聚货财，市场货物不成堆成列，朝廷无人聚众议事，这些都是治理国家的极致。人的本性没有什么两样，所以人情是可以掌握并且驾驭的。了解人民喜欢什么，厌恶什么，就可以知道他们的长处和短处；观察他们同什么人交往，就能判断他们是贤明还是平庸。把握住以上两点，就可以了解各自的才能并对他们进行管理了。

地之守在城，城之守在兵，兵之守在人，人之守在粟，故地不辟则城不固。有身不治，奚待于人[①]？有人不治，奚待于家？有家不治，奚待于乡？有乡不治，奚待于国？有国不治，奚待于天下？天下者，国之本也。国者，乡之本也。乡者，家之本也。家者，人之本也。人者，身之本也。身者，治之本也。故上不好本事则末产不禁[②]，末产不禁则民缓于时事而轻地利[③]，轻地利而求田野之辟、仓廪之实，不可得也。

商贾在朝则货财上流，妇人言事则赏罚不信[④]，男女无别则民无廉耻。货财上流，赏罚不信，民无廉耻，而求百姓之安难[⑤]，兵士之死节[⑥]，不可得也。朝廷不肃，贵贱不明，长幼不分，度量不审，衣服无等，上下凌节，而求百姓之尊主政令，不可得也。上好诈谋间欺，臣下赋敛竞得，使民偷壹[⑦]，则百姓疾怨，而求下之亲上，不可得也。有地不务本事，君国不能一民，而求宗庙社稷之无危，不可得也。

上恃龟筮[⑧]，好用巫医，则鬼神骤祟。故功之不立，名之不章，为之患者三：有独王者[⑨]，有贫贱者[⑩]，有日不足者[⑪]。

注释

①待：许维遹说："待，犹至也。言身之尚不能治，何能至于治人。"

②本事：指农业。末产：指工商业。

③时事：指农事，即春耕夏耘，秋收冬藏。

④妇人言事：指妇人议论朝政。事，指公事。

⑤安难：不怕危难，甘冒危险。

⑥死节：为国捐躯。

⑦偷壹：尹知章说："偷取一时之快。"

⑧龟筮：占卦。古代占卜用龟甲，筮用蓍草，视其象数占卜吉凶。

⑨独王：独断专行。

⑩贫贱：国家贫困，地位低贱。

⑪日不足：政事紊乱，疲于奔命。

译文

保障国土在于城池，守卫城池在于军队，拥有军队在于人民，养育人民在于粮食。因此，土地不开垦，城池就不会坚固。国君自身治理不好，怎么能够治理别人？不能治理别人，怎么能治理一家？不能治理一家，怎么能治理一乡？不能治理一乡，怎么能治理一国？不能治理一国，怎么能治理天下？天下以国为本，国以乡为本，乡以家为本，家以人为本，人以自身为本，自身以治世之道为本。所以，国君不重视农业，工商业就得不到禁止；工商业得不到禁止，人们就会耽误农事而轻视土地的收益。如果人民轻视土地的收益，而国君却妄想开垦土地、充实粮仓，那是不可能的。

商人在朝中掌权，财货贿赂就会带入上层；妇人议论朝政，赏功罚过就不信实；男女没有区别，人民就不知道廉耻。财货贿赂带入上层，赏功罚过不能信实，人民不知道廉耻，国君却希望人民甘冒危难，士兵为国捐躯，那是做不到的。朝廷不严正，贵贱不分明，长幼无次序，制度不明确，服制无等级，上下逾越法度，国君却希望人民能够尊重他的政令，那是做不到的。国君爱搞阴谋欺诈，臣下竞相征敛苛捐杂税，役使人民，使之苟且偷生，人民就会怨声载道，在这种情况下国君却妄想人民能够爱戴他，那是做不到的。拥有土地而不重视农业，执掌政权而不能号令人民，却妄想国家不出现危机，那是做不到的。

国君靠占卜求吉凶，用巫医治疾病，鬼神就会频频作怪。这样，功业建立不起来，名声树立不起来，并且造成三种祸患：一是独断专横；二是贫穷卑贱；三是政事紊乱，疲于奔命。

一年之计，莫如树谷。十年之计，莫如树木。终身之计，莫如树人。一树一获者，谷也。一树十获者，木也。一树百获者，人也。我苟种之，如神用之，举事如神，唯王之门。

凡牧民者，使士无邪行[①]，女无淫事。士无邪行，教也。女无淫事，训也。教训成俗而刑罚省，数也[②]。凡牧民者，欲民之正也。欲民之正，则微邪不可不禁也。微邪者，大邪之所生也。微邪不禁，而求大邪之无伤国，不可得也。凡牧民者，欲民之有礼也。欲民之有礼，则小礼不可不谨也。小礼不谨于国，而求百姓之行大礼，不可得也。凡牧民者，欲民之有义也。欲民之有义，则小义不可不行。小义不行于国，而求百姓之行大义，不可得也。凡牧民者，欲民之有廉也。欲民之有廉，则小廉不可不修也。小廉不修于国，而求百姓之行大廉，不可得也。凡牧民者，欲民之有耻也。欲民之有耻，则小耻不可不饰也[③]。小耻不饰于国，而求百姓之行大耻，不可得也。凡牧民者，欲民之谨小礼、行小义、修小廉、饰小耻、禁微邪，此厉民之道也[④]。民之谨小礼、行小义、修小廉、饰小耻、禁微邪，治之本也。

注释

①士：这里指男人。

②数：自然之理。

③饰：通“饬”，整顿。

④厉：通“砺”，磨砺，引申为教育。

译文

做一年的打算，最好是种植谷物；做十年的打算，最好是种植树木；做终身的打算，最好是培育人才。当年播种当年收获的，是谷物；当年种植十年收获的，是树木；当年培育百年收获的，是人才。如果国君能够培育人才，使用起来将得心应手，办大事将迅速神奇，这是称王天下的途径。

凡是治理人民，应使男人没有邪僻的行为，女人没有淫乱的事情。使男人没有邪僻的行为，要靠教化；使女人没有淫乱的事情，要靠训导。教化训导形成风气，刑罚就会减少，这是自然之理。凡是治理人民，都希望人民走正道。希望人民走正道，小恶就不能不禁止。小恶是大恶产生的根源。小恶不禁止，却希望大恶不危害国家，那是不可能的。凡是治理人民，都希望人民有礼仪。希望人民有礼仪，小的礼节就不能不重视。不重视小的礼节，却希望人民能够遵循大礼，那是不可能的。凡是治理人民，都希望人民有义。希望人民有义，小义就不可不施行。不施行小义，却希望人民能够施行大义，那是不可能的。凡是治理人民，都希望人民清廉。希望人民清廉，小廉就不可不修整。国家不修整小廉，却希望百姓修大廉，那是不可能的。凡是治理人民，都希望人民懂得羞耻。希望人民懂得羞耻，小耻就不可不整顿。不整顿小耻，却希望百姓能够整顿大耻，那是不可能的。凡是治理人民，让人民重视小礼、施行小义、修整小廉、整顿小耻、禁止小邪，这是教育人民的方法。而人民能够做到重视小礼、施行小义、修整小廉、整顿小耻、禁止小邪，这是治国的根本。

凡牧民者，欲民之可御也。欲民之可御，则法不可不审。法者，将立朝廷者也，将立朝廷者，则爵服不可不贵也。爵服加于不义，则民贱其爵服。民贱其爵服，则人主不尊。人主不尊，则令不行矣。法者，将用民力者也。将用民力者，则禄赏不可不重也。禄赏加于无功，则民轻其禄赏。民轻其禄赏，则上无以劝民[①]。上无以劝民，则令不行矣。法者，将用民能者也。将用民能者，则授官不可不审也。授官不审，则民间其治[②]。民间其治，则理不上通[③]。理不上通，则下怨其上。下怨其上，则令不行矣。法者，将用民之死命者也。用民之死命者[④]，则刑罚不可不审。刑罚不审，则有辟就[⑤]。有辟就，则杀不辜而赦有罪。杀不辜而赦有罪，则国不免于贼臣矣。故夫爵服贱、禄赏轻、民间其治、贼臣首难[⑥]，此谓败国之教也。

注释

①劝：鼓励。

②间：隔离，背离。

③理：情，指下情。

④死命：生死。

⑤辟就：郭沫若说："辟谓回避，就谓牵就，乃舞文弄法之事。"

⑥首难：带头作乱。

译文

凡是治理人民，都希望人民服从管理。希望人民服从管理，法就不可不重视。法，是用来确立朝廷权威的。要确立朝廷权威，爵位官服就不可不重视。爵位官服授给了不义的人，人民就鄙视爵位官服；人民鄙视爵位官服，国君就不被尊重；国君不被尊重，法令就无法推行。法，是用来役使人民使之出力的。役使人民使之出力，禄赏就不可不重视。禄赏授给没有功劳的人，人民就轻视禄赏；人民轻视禄赏，国君就无法鼓励人民；国君无法鼓励人民，法令就无法推行。法，是用来发挥人民才能的。发挥人民才能，委任官职就不可不慎重。委任官职不慎重，人民就背离治理；人民背离治理，下情就不能上达；下情不能上达，人民就会怨恨国君；人民怨恨国君，法令就无法推行。法，是用来决定人民生死的。决定人民生死，刑罚就不可不审慎。刑罚不审慎，就会使坏人逃罪、好人蒙冤；坏人逃罪、好人蒙冤，就会杀无辜、赦有罪；杀无辜、赦有罪，国家就难免被乱臣贼子篡夺了。所以，爵位遭鄙视，禄赏遭轻视，人民背离治理，乱臣贼子作乱，这些都是败国的政教造成的。

立政

题解

立政，即执政。文章讨论了君主执政必须注意的九个问题。与前几篇稍有不同，此篇对每一个问题都进行了相对详细的论说。作者多用“分别以明之”的解析论证，它根据论述对象的属性将其分成几个类别，这样，许多抽象的问题在论说中就显得条理明晰、形象具体了。

国之所以治乱者三，杀戮刑罚不足用也。国之所以安危者四，城郭险阻不足守也。国之所以富贫者五，轻税租、薄赋敛不足恃也。治国有三本，而安国有四固，而富国有五事。五事，五经也。

君之所审者三：一曰德不当其位，二曰功不当其禄，三曰能不当其官。此三本者，治乱之原也[①]。故国有德义未明于朝者，则不可加于尊位。功力未见于国者，则不可授与重禄。临事不信于民者[②]，则不可使任大官。故德厚而位卑者谓之过，德薄而位尊者谓之失。宁过于君子，而毋失于小人。过于君子，其为怨浅。失于小人，其为祸深。是故国有德义未明于朝而处尊位者，则良臣不进。有功力未见于国而有重禄者，则劳臣不劝。有临事不信于民而任大官者，则材臣不用。三本者审，则下不敢求。三本者不审，则邪臣上通，而便辟制威[③]。如此，则明塞于上而治壅于下，正道捐弃而邪事日长。三本者审，则便辟无威于国，道涂无行禽[④]，疏远无蔽狱[⑤]，孤寡无隐治[⑥]。故曰：刑省治寡，朝不合众。

右三本。

注释

①原：同“源”。

②临事：治理政事。

③便辟：指君主身边受宠幸的小臣。

④涂：同“途”。禽：同“擒”，指囚犯。

⑤蔽狱：冤狱。

⑥孤寡无隐治：许维遹说：“于（指于省吾）释‘治’为‘辞’。……言孤寡无有隐藏于胸中而不得控诉申辩之讼事。”

译文

决定国家治乱的要素有三个，仅有杀戮刑罚是不够用的。决定国家安危的要素有四个，仅靠城郭险阻是不足以防守的。决定国家贫富的要素有五个，仅靠减轻租税、削减赋敛是不足以依赖的。所以说，治理国家有三本，安定国家有四固，使国家富裕有五事。这五事是五项纲领性措施。

君主需要审查的问题有三个：一是大臣的德行和他的职位是否相称；二是大臣的功劳和他的俸禄是否相称；三是大臣的能力和他的官职是否相称。这三个基本问题，是国家治乱的根源。因此，品德道义未能显现于朝廷的人，不可授予高位；功劳能力未能表现于国内的人，不可给予厚禄；治理政事未能取信于人民的人，不可授予高官。德行深厚而授爵卑微，叫作过；德行浅薄而授爵高贵，叫作失。宁可有失于君子，不可有失于小人。失于君子，带来的怨恨浅；失于小人，带来的祸乱深。因此，在一个国家里，如果有品德道义未能显现于朝廷却身居高位的人，贤良的大臣就得不到推荐；如果有功劳能力未能表现于国内却享有厚禄的人，勤奋的大臣就得不到鼓励；如果有治理政事未能取信于人民却做了高官的人，有才能的大臣就得不到重用。这三个基本问题得到审慎处理，臣下就不敢妄求官禄；这三个基本问题得不到审慎处理，奸佞之臣就会接近君主，君侧小臣就会专权施威。这样，在上面君主将会被蒙蔽，在下面政令将不能推行，治国的正道被抛弃，邪恶之事与日俱长。审慎处理这三个基本问题，君主左右那些受宠的小臣就不会在国内滥施淫威，道路上也见不到囚犯，普通小民不会蒙受冤屈，孤寡无亲的人们也不会无处申诉。这就叫作：刑罚减少，政务精简，朝廷不再聚众议事。

以上是“三本”。

君之所慎者四：一曰大德不至仁，不可以授国柄。二曰见贤不能让，不可与尊位。三曰罚避亲贵，不可使主兵[①]。四曰不好本事，不务地利而轻赋敛，不可与都邑。此四务者，安危之本也。故曰：卿相不得众，国之危也。大臣不和同[②]，国之危也。兵主不足畏，国之危也。民不怀其产[③]，国之危也。故大德至仁，则操国得众。见贤能让，则大臣和同。罚不避亲贵，则威行于邻敌。好本事，务地利，重赋敛[④]，则民怀其产。

右四固。

注释

①主兵：掌握兵权，统率部队。

②和同：和谐一致。

③怀：关心。

④重：重视，爱惜。

译文

君主要谨慎对待的问题有四个：一是崇尚大德而不仁爱的人，不可以授予国政大权；二是见到贤能而不辞让的人，不可以授予高爵厚位；三是掌握刑罚而回避亲贵的人，不可以让他统率军队；四是不重视农业，不注重地利，而随心所欲地征收赋税的人，不可以让他担任地方长官。这四个原则是国家安危的根本。所以说：卿相得不到众人的拥护，国家危险；大臣不齐心协力，国家危险；军队统帅不令人畏惧，国家危险；人民不关心自己的田产，国家危险。因此，崇尚大德做到仁爱，治理国家就能得到众人拥护；见到贤能主动辞让，臣属同僚就能齐心协力；掌握刑罚不避亲贵，邻国敌人就受到威慑；重视农业，注重地利，不轻易课税，人民就会关心自己的田产。

以上是“四固”。

君之所务者五：一曰山泽不救于火[①]，草木不殖成[②]，国之贫也。二曰沟渎不遂于隘[③]，障水不安其藏[④]，国之贫也。三曰桑麻不殖于野，五谷不宜其地，国之贫也。四曰六畜不育于家，瓜瓠荤菜百果不备具，国之贫也。五曰工事竞于刻镂，女事繁于文章[⑤]，国之贫也。故曰：山泽救于火，草木殖成，国之富也。沟渎遂于隘，障水安其藏，国之富也。桑麻殖于野，五谷宜其地，国之富也。六畜育于家，瓜瓠荤菜百果备具，国之富也。工事无刻镂，女事无文章，国之富也。

右五事。

注释

①救：禁止，防止。

②殖：繁殖。

③遂：通。

④障水：用堤坝围住的水。

⑤文章：文饰花样，指奢侈的工艺品。

译文

君主必须注意的问题有五个：一是山林沼泽不能防止火灾，草木不能繁殖生长，国家就会贫穷；二是沟渠不能通畅，堤坝不能稳固，国家就会贫穷；三是田野里没有种植桑麻，五谷没有因地制宜，国家就会贫穷；四是农家没有饲养六畜，蔬菜瓜果没有应有尽有，国家就会贫穷；五是工匠竞于雕琢刻镂，女工喜欢文饰花样，国家就会贫穷。所以说，山林沼泽能够防止火灾，草木能够繁殖生长，国家就会富足；沟渠通畅，堤坝稳固，国家就会富足；田野种植桑麻，五谷因地制宜，国家就会富足；农家饲养六畜，蔬菜瓜果应有尽有，国家就会富足；工匠不雕琢刻镂，女工不文饰花样，国家就会富足。

以上是“五事”。

分国以为五乡[1]，乡为之师。分乡以为五州，州为之长。分州以为十里，里为之尉。分里以为十游，游为之宗。十家为什，五家为伍，什伍皆有长焉。筑障塞匿[2]，一道路，抟出入[3]，审闾闬[4]，慎筦键[5]。筦藏于里尉。置闾有司，以时开闭。闾有司观出入者，以复于里尉。凡出入不时，衣服不中，圈属群徒[6]，不顺于常者，闾有司见之，复无时[7]。若在长家子弟、臣妾、属役、宾客，则里尉以谯于游宗[8]，游宗以谯于什伍，什伍以谯于长家，谯敬而勿复[9]。一再则宥，三则不赦。凡孝悌、忠信、贤良、俊材，若在长家子弟、臣妾、属役、宾客，则什伍以复于游宗，游宗以复于里尉，里尉以复于州长，州长以计于乡师，乡师以著于士师[10]。凡过党[11]，其在家属，及于长家[12]；其在长家，及于什伍之长。其在什伍之长，及于游宗。其在游宗，及于里尉。其在里尉，及于州长。其在州长，及于乡师。其在乡师，及于士师。三月一复，六月一计，十二月一著。凡上贤不过等，使能不兼官，罚有罪不独及，赏有功不专与。

孟春之朝，君自听朝，论爵赏校官，终五日。季冬之夕，君自听朝，论罚罪刑杀，亦终五日。正月之朔，百吏在朝，君乃出令，布宪于国[13]。五乡之师、五属大夫，皆受宪于太史。大朝之日，五乡之师、五属大夫，皆身习宪于君前。太史既布宪，入籍于太府[14]，宪籍分于君前。五乡之师出朝，遂于乡官，致于乡属，及于游宗，皆受宪。宪既布，乃反致令焉[15]，然后敢就舍。宪未布，令未致，不敢就舍，就舍谓之留令，罪死不赦。五属大夫，皆以行车朝，出朝不敢就舍，遂行。至都之日，遂于庙，致属吏，皆受宪。宪既布，乃发使者致令，以布宪之日，蚤晏之时[16]。宪既布，使者以发，然后敢就舍。宪未布，使者未发，不敢就舍，就舍谓之留令，罪死不赦。宪既布，有不行宪者，谓之不从令，罪死不赦。考宪而有不合于太府之籍者，侈曰专制[17]，不足曰亏令，罪死不赦。首宪既布[18]，然后可以布宪。

右首宪。

注释

①国：国都。下文的乡、州、里、游、什、伍，均为国都的行政单位，其长官分别是乡师、州长、里尉、游宗、什长、伍长。

②匿：缺口。

③一道路，抟出入：只设一条道路，一个出入口。抟，专。

④闾闬hàn：古代里巷的门。

⑤筦：同“管”钥匙。键：门闩。

⑥圈属群徒：指里内居民及外人之常住本里者。圈

属，指子弟臣妾等人。圈，古“卷”字。群徒，指属役宾客等人。

⑦复无时：指随时报告。

⑧谯qiào：通“诮”，责备。

⑨敬：同“儆jǐng”，警告。

⑩士师：古代执掌禁令刑狱的官员。

⑪过党：犯罪的党徒。

⑫及：连及。长家：户主。

⑬布宪：公布法律。

⑭籍：记载法令的简册。

⑮反致令：返回去复命。反，同“返”。

⑯蚤晏：早晚。蚤，通“早”。晏，晚，迟。

⑰侈：增加法令内容。

⑱首宪：古代国君于岁首颁布的法令。

译文

把都城地区分为五个乡，每乡设置乡师。把乡分为五个州，每州设置州长。把州分成十个里，每里设置里尉；把里分为十个游，每游设置游宗。十家为一什，五家为一伍，什和伍各自设置什长和伍长。修筑围墙，堵塞缺口，设置一条道路，开出一个出入口。仔细看管里门，保管好钥匙和锁，钥匙由里尉掌管。设置闾有司，按时开门关门。闾有司负责观察出入的人群，并向里尉汇报。凡是出入不遵守时间的，穿戴不合规定的，家眷亲属及其他人中有行迹异常的，闾有司一旦发现，随时上报。如果问题出在本里家长的子弟、臣妾、属役和宾客身上，里尉要训斥游宗，游宗要训斥什长、伍长，什长、伍长要训斥家长。训斥、警告后，暂时不用上报。初犯、再犯可以宽恕，第三次绝不赦免。凡孝悌、忠信、贤良和优秀的人才，如果属于本里家长的子弟、臣妾、属役和宾客，什长、伍长要向游宗上报，游宗要向里尉上报，里尉要向州长上报，州长汇总后向乡师上报，乡师登记备案后向士师上报。凡是犯罪的党徒，如果出现在家属中，应连及家长；出现在家长的，应连及什长、伍长；出现在什长、伍长的，连及游宗；出现在游宗的，连及里尉；出现在里尉的，连及州长；出现在州长的，连及乡师；出现在乡师的，连及士师。每年三个月上报一次，六个月汇总一次，十二个月登记备案一次。凡是推举贤才不可超越等级，使用能臣不可让其兼职；惩罚罪犯，不可只惩罚罪犯自身；赏赐有功，不可只赏赐立功者本人。

自立春开始，国君亲自临朝听政。评定爵赏，考核官吏，五天完成。冬末之际，国君亲自临朝听政，议罪论罚，刑杀罪犯，五天完成。正月初一，百官上朝，国君向全国发布法令。五乡乡师和五属大夫都要在太史那里领受法令典籍。官吏集朝之日，五乡乡师和五属大夫都要在国君面前学习法令。太史宣布法令后，把底本存放到太府，并在国君面前把法令简册分发下去。五乡乡师出朝以后，立即到乡师办事处，召集本乡所属官吏直至游宗，同来领受法令。法令颁布以后，立即返回去复命，然后才可以回到住处。法令没有颁布，命令没有回复，不能回住处休息，否则就是留令，罪死不赦。五属大夫，都是乘车参加朝会，出朝后不可先回住处，要马上出发执行命令。到达都邑的当天，在祖庙召集所属官员，同来接受法令。法令公布后，便派遣使者回报。遣使回报要在颁布法令的当天，不论早晚。法令颁布了，使者出发了，然后才可以回住所休息。法令没有颁布，使者没有派出，不能回住所，否则也是留令，罪死不赦。法令颁布后，有不执行法令的，叫作不从令，罪死不赦。检查法令，如有与太府所存底本不符的，多了的叫作专制，少了的叫作亏令，罪死不赦。岁首的法令颁布后，就可以依照法令执行了。

以上是“首宪”。

凡将举事，令必先出。曰事将为，其赏罚之数[①]，必先明之。立事者谨守令以行赏罚[②]，计事致令，复赏罚之所加。有不合于令之所谓者，虽有功利，则谓之专制，罪死不赦。首事既布，然后可以举事。

右首事。

注释

①数：政策，办法。

②立事：具体办事的人。

译文

凡将办事，一定先制定相关的法令。就是说，事情将要办理，一定要先明确各种赏罚的规定。具体办事的人要严守法令以实施赏罚，统计进展情况并回复命令，并汇报执行赏罚的情况。凡是办事不符合法令要求的，即使有功劳，也叫作专制，罪死不赦。办事法令颁布以后，然后就可以遵照执行了。

以上是“首事”。

修火宪[①]，敬山泽林薮积草[②]，天财之所出，以时禁发焉，使民足于宫室之用、薪蒸之所积[③]，虞师之事也[④]。决水潦，通沟渎，修障防，安水藏，使时水虽过度，无害于五谷，岁虽凶旱，有所秎获[⑤]，司空之事也。相高下，视肥硗，观地宜，明诏期前后[⑥]，农夫以时钧修焉[⑦]，使五谷桑麻皆安其处，由田之事也[⑧]。行乡里，视宫室，观树艺，简六畜[⑨]，以时钧修焉，劝勉百姓，使力作毋偷，怀乐家室，重去乡里，乡师之事也。论百工，审时事，辨功苦，上完利[⑩]，监壹五乡[11]，以时钧修焉，使刻镂文采毋敢造于乡，工师之事也[12]。

右省官。

注释

①火宪：防火的法令。

②敬：通“儆jǐng”，警备，戒备。

③薪蒸：烧柴。

④虞师：古代掌管山林湖泽的官吏。

⑤秎fèn：收割。

⑥明诏期：明定征召农民的日期。诏，通“召”，征召。

⑦钧修：全面安排。钧，通“均”。

⑧由田：古代掌管农事的官吏。

⑨简：检查。

⑩上：通“尚”，提倡，崇尚。

⑪监壹：监督管理。

⑫工师：古代掌管百工的官吏。

译文

制定防火的法令，谨防山林沼泽的草木起火，自然资源出产的地方要按时封禁和开放，使人民有足够的建筑材料和柴草贮备，这是虞师的职责。排泄积水，疏通沟渠，修建堤坝，加固水池，做到即使雨水过多的时候，也不会对农业造成危害，即使当年遭受干旱，也有所收获，这是司空的职责。观测地势的高下，分析土地的肥瘠，查明土地适宜种植何种作物，明确农民应召服役的日期，对农民服役、农事生产做出合理安排，使五谷桑麻的种植各适其宜，这是司田的职责。巡视乡里，察看房屋，观察树木的生长，检查家畜的饲养，能够按时做出合理安排，劝导勉励百姓，使他们努力劳作而不偷懒怠惰，留恋家室而安土重迁，这是乡师的职责。考核工匠，审定各个时节的任务，辨别产品质量的优劣，提倡产品完美精致，统一管理五乡，按时做出合理安排，使刻镂文采等奢侈品不敢在各乡生产，这是工师的职责。

以上是“省官”。

度爵而制服，量禄而用财。饮食有量，衣服有制，宫室有度，六畜人徒有数，舟车陈器有禁[①]。生则有轩冕、服位、谷禄、田宅之分，死则有棺椁、绞衾、圹垄之度。虽有贤身贵体，毋其爵不敢服其服。虽有富家多资，毋其禄不敢用其财。天子服文有章[②]，而夫人不敢以燕以飨庙[③]，将军大夫以朝[④]，官吏以命[⑤]，士止于带缘[⑥]。散民不敢服杂采，百工商贾不得服长鬈貂。刑馀戮民不敢服丝，不敢畜连乘车[⑦]。

右服制。

注释

①禁：限制。

②文：文饰。

③燕：燕服，在家闲居时穿的衣服。飨庙：在宗庙里祭祀祖先。

④朝：朝服。

⑤命：命服，百官按等级应穿的衣服。

⑥缘yuàn：古时候衣服的边饰。

⑦畜连：同“畜辇”，备置车马。

译文

按照爵位制定服饰标准，根据俸禄规定花费标准。饮食有一定的量度，衣服有一定的制度，房屋有一定的限度，家畜和奴仆有一定的数目，车船和陈设有一定的限制。活着的时候，在乘车、戴帽、职位、俸禄、田宅方面，有所区分；死了的时候，在棺木、衣被、坟墓等方面有所规定。即使有高贵的身份，没有那样的爵位也不能穿那样的衣服；即使家财万贯，没有相应的俸禄也不能进行相应的消费。天子衣服的花纹样式有一定的规定，夫人不能穿便装去祭祀宗庙，将军、大夫穿朝服，一般官吏按等级穿相应的衣服，士只在衣带的边饰上有所标识。平民不能穿戴有文饰的衣服，工匠商人不能穿用羔皮或貂皮制成的衣服。受过刑或正在服刑的人不能穿丝制的衣服，也不能备置车马。

以上是“服制”。

寝兵之说胜[1]，则险阻不守。兼爱之说胜，则士卒不战。全生之说胜[2]，则廉耻不立。私议自贵之说胜，则上令不行。群徒比周之说胜[3]，则贤不肖不分。金玉货财之说胜，则爵服下流。观乐玩好之说胜，则奸民在上位。请谒任举之说胜[4]，则绳墨不正[5]。谄谀饰过之说胜，则巧佞者用。

右九败。

注释

①寝兵：息兵。

②全生：保全性命。

③比周：结党营私。

④请谒任举：请托保举。

⑤绳墨：木工画直线用的工具。这里指用人的标准。

译文

息兵不战的言论占了上风，险阻就不能固守。泛爱的言论占了上风，士卒就不肯作战。全生保命的言论占了上风，廉耻之风就无法建立。私立异说、自命不凡的言论占了上风，君主政令就无法推行。结党营私的言论占了上风，好人坏人就无法分辨。金玉财货的言论占了上风，官爵服位就流往下层。观乐玩好的言论占了上风，奸邪之辈就攀爬到高位。请托保举的言论占了上风，那么用人的标准就无法公正。阿谀奉承、文过饰非的言论占了上风，巧言奸佞的人就会被任用。

以上是“九败”。

期而致①，使而往，百姓舍己以上为心者，教之所期也。始于不足见，终于不可及，一人服之，万人从之，训之所期也。未之令而为，未之使而往，上不加勉而民自尽竭，俗之所期也。好恶形于心，百姓化于下，罚未行而民畏恐，赏未加而民劝勉，诚信之所期也。为而无害，成而不议，得而莫之能争，天道之所期也。为之而成，求之而得，上之所欲，小大必举，事之所期也。令则行，禁则止，宪之所及，俗之所被，如百体之从心，政之所期也。

右七观。

注释

①致：通“至”。

译文

有征召立即来到，有派遣即刻前往，百姓舍弃自我而以君上之心为心，这是教化所期望得到的结果。开始的时候看不出迹象，结束的时候无可比拟，君主行事，万民随从，这是训导所期望得到的结果。未下命令就主动做事，还没派遣就主动前往，上面不需要劝勉，人民就尽心竭力，这是形成风俗所期望得到的结果。君主的好恶刚在心里出现，百姓就化为实际的行动，刑罚未行人民已感畏恐，奖赏未下人民已受劝勉，这是建立诚信所期望得到的结果。做事没有后患，成事没有异议，得到的成果无人能争夺，这是遵守天道所期望得到的结果。行事即成，有求即得，君主所要求的，事无大小均能实现，这是办事所期望得到的结果。有令则行，有禁则止，凡是法令所及和风俗所影响到的地方，就像人的四肢百骸服从心意所使，这是为政所期望得到的结果。

以上是“七观”。

乘马

题解

乘，即加减乘除的“乘”，也就是计算。马，即码，计算所用的筹码。乘马，是对国家一些重大问题的计算筹划，如营建都城、土地、爵位、市场、侈俭、均地、行政建构、君臣之道、居民组织、军事装备、地里等。

凡立国都①，非于大山之下，必于广川之上。高毋近旱而水用足。下毋近水而沟防省②。因天材，就地利，故城郭不必中规矩，道路不必中准绳③。

右立国。

注释

①国都：国中的都邑、城市。

②沟防：沟渠和堤防。

③准绳：测定物体平直的工具。

译文

凡是建造都城，不是在大山的脚下，就是在大河的近旁。高不可在靠近干旱的地方，以保证水源充足；低不可在靠近水涝的地方，以省去沟渠和堤防的修筑。要依靠天然资源，凭借有利地势，所以城郭的建造不一定要方圆规整，道路的铺设不一定要平直。

以上是“立国”。

无为者帝[①]，为而无以为者王[②]，为而不贵者霸。不自以为所贵，则君道也。贵而不过度，则臣道也。

右大数。

注释

①无为：无为而治。

②为而无以为：做了但不为其所累，所以显得无事可做。

译文

无为而治的国君可成就帝业；为政不为其所累，显得无可操劳的国君，可以成就王业；为政谦虚不自贵的国君可成就霸业。不自以为贵是君主的准则；自贵却不逾越应有的法度，是做臣子的准则。

以上是“大数”。

地者政之本也，朝者义之理也[①]，市者货之准也，黄金者用之量也[②]，诸侯之地千乘之国者器之制也[③]。

五者其理可知也，为之有道。

地者政之本也，是故地可以正政也[4]。地不平均和调，则政不可正也[5]。政不正，则事不可理也[6]。

春秋冬夏，阴阳之推移也。时之短长，阴阳之利用也。日夜之易，阴阳之化也。然则阴阳正矣，虽不正，有余不可损，不足不可益也，天也，莫之能损益也。然则可以正政者，地也，故不可不正也。正地者，其实必正[7]。长亦正，短亦正，小亦正，大亦正，长短小大尽正。地不正则官不理，官不理则事不治，事不治则货不多。是故何以知货之多也？曰事治。何以知事之治也？曰货多。货多事治，则所求于天下者寡矣。为之有道。

右阴阳。

注释

①义：通“仪”，仪法。

②用：财用。

③器：军备。

④正：整顿、匡正。

⑤正：公正。

⑥事：农业生产。

⑦实：指土地的实际面积。

译文

土地是政事的根本，朝廷是仪法的体现，市场是商品供求的标准，黄金是财用计量的尺度，一个诸侯国拥有千辆兵车，是军备的制度。这五个方面，道理可以理解，推行起来也有一定的规律。

土地是政事的根本，所以土地可以匡正国家政事。土地得不到合理分配，政事就无法公正。政事不公正，农业生产就无法管理。

春秋冬夏是阴阳的推移，农时长短是对阴阳的利用，日夜更替是阴阳的变化。阴阳运动是绝对公正的，虽偶有偏失，多出来的不能减少，不足的也无法增加，这是自然规律，没有人能够改变。可以匡正国家政事的，是土地，因此对于土地不可不加整治。整治土地，对于其实际面积一定要进行核正。长的要核正，短的要核正，大块的要核正，小块的也要核正，长短大小都要核正。土地面积不核正，官府就无法治理；官府无法治理，农业生产就搞不好；农业生产搞不好，物资就不会丰富。怎样知道物资丰富呢？回答是：看农业生产的治理。怎样知道农业生产治理得好坏呢？回答是：看物资是否丰富。物资丰富，农业生产就治理得好，求助于别人的就少了。这做起来是有一定规律的。

以上是“阴阳”。

朝者义之理也[1]。是故爵位正而民不怨，民不怨则不乱，然后义可理。不正则不可以治，而不可理也。故一国之人不可以皆贵，皆贵则事不成而国不利也。使无贵者，则民不能自理也。是故辨于爵列之尊卑，则知先后之序、贵贱之义矣。为之有道。

右爵位。

注释

①理：体现。

译文

朝廷是仪法等级的体现。爵位安排合理，人民就没有怨恨；人民没有怨恨，就不会犯上作乱，然后仪法才可以体现。如果爵位安排不合理，人民就无法管理，仪法等级也就无从体现。因此，一国的臣民不可能都尊贵，都尊贵了就没有人从事农业生产了，这样对国家不利。如果没有少数人尊贵，百姓就管理不好自己。因此，分清爵位排列的尊卑高下，就能知道先后次序和贵贱的仪法。这管理起来是有法可循的。

以上是“爵位”。

市者货之准也。是故百货贱则百利不得，百利不得则百事治，百事治则百用节矣①。是故事者生于虑，成于务②，失于傲。不虑则不生，不务则不成，不傲则不失。故曰：市者可以知治乱，可以知多寡，而不能为多寡。为之有道。

右务市事。

注释

①节：调节。

②务：努力。

译文

市场是商品供求的标准。所以货物价格低廉，商人就得不到利益；商人得不到利益，各项事业就能治理得好。各项事业治理得好，各种用度就能得到适当调节。因此，任何事业都生于谋虑，成于努力，败于骄傲。不谋虑事业就没有起点，不努力事业就不会成功，不骄傲事业就不会失败。所以说，通过市场可以了解社会治乱的兴亡，可以了解社会财富的多寡，但是通过市场不能创造财富本身。这做起来是有规律可循的。

以上是“务市事”。

黄金者用之量也。辨于黄金之理则知侈俭[1]，知侈俭则百用节矣。故俭则伤事[2]，侈则伤货[3]。俭则金贱，金贱则事不成，故伤事。侈则金贵，金贵则货贱，故伤货。货尽而后知不足，是不知量也。事已而后知货之有余，是不知节也。不知量，不知节，不可。为之有道。

注释

①理：这里指黄金的作用。

②伤事：抑制生产。

③伤货：浪费资源。

译文

黄金是财用计量的尺度。懂得黄金的作用，就知道什么是侈、什么是俭。知道什么是侈、什么是俭，各项用度就能得到适当调节。用度俭对操办事业不利，用度侈对生产财货不利。用度节俭，金价就会降低，金价降低，各项事业就不成功，所以说伤事。用度奢侈，金价就会升高，金价升高，物价就降低，所以对生产财货不利。货财用光后才知道不足，是不了解用度的缘故。事情做完后才知道货财有余，是不知道调节的缘故。不知道用度，不知道调节，是不行的。这做起来是有规律可循的。

天下乘马服牛，而任之轻重有制[①]。有一宿之行，道之远近有数矣。是知诸侯之地千乘之国者，所以知器之小大也[②]，所以知任之轻重也[③]。重而后损之，是不知任也。轻而后益之，是不知器也。不知任，不知器，不可。为之有道。

注释

①制：限度。

②器：军备规模。

③任：军事负担。

译文

天下各地的牛车马车，其承载货物的轻重有一定的限度。知道它们一夜的行程，道路的远近就可以推算出来了。由此，知道一个诸侯国可以拥有一千辆兵车，就可以推算出军备规模的大小，也可以推算出负担军赋的标准。负担过重然后再削减，是不知道负担军赋的能力；负担过轻然后再增加，是不了解军备规模的大小。不知道负担军赋的能力，不了解军备规模的大小，都是不可以的。这做起来是有规律可循的。

地之不可食者①，山之无木者，百而当一②。涸泽，百而当一。地之无草木者，百而当一。樊棘杂处，民不得入焉，百而当一。薮③，镰缨得入焉④，九而当一。蔓山⑤，其木可以为材，可以为轴，斤斧得入焉，九而当一。汎山⑥，其木可以为棺，可以为车，斤斧得入焉，十而当一。流水，网罟得入焉⑦，五而当一。林，其木可以为棺，可以为车，斤斧得入焉，五而当一。泽，网罟得入焉，五而当一。命之曰地均，以实数⑧。

注释

①不可食：指不生产粮食。

②百而当一：百亩相当于一亩。

③薮：草盛水浅的湖泽。

④缨mò：两股的绳，泛指绳索。

⑤蔓：蔓延低缓。

⑥汎山：高山。

⑦网罟gǔ：渔网。

⑧实数：实际出产的数量。

译文

不产粮食的土地和不长树木的荒山，百亩折合成一亩。干枯的沼泽，百亩折合成一亩。不生长草木的土地，百亩折合成一亩。荆棘丛生无法进入的土地，百亩折合成一亩。草木茂盛的湖泽，带上镰刀绳索可以进入的，九亩折合成一亩。丘陵地区，其树木可以作木材，可以做车轴，人们可以带上刀斧进去采伐的，九亩折合成一亩。高山地区，其树木可以做棺木，可以做车，人们可以带上刀斧进去采伐的，十亩折合成一亩。水流，可以下网捕鱼，五亩折合成一亩。森林，其树木可以做棺木，可以做车，人们可以带上刀斧进去采伐的，五亩折合成一亩。湖泽，可以下网捕鱼，五亩折合成一亩。这叫作平均土地，即以其实际出产的物品数量折算成可耕土地。

方六里命之曰暴①，五暴命之曰部，五部命之曰聚。聚者有市，无市则民乏②。五聚命之曰某乡，四乡命之曰方。官制也。官成而立邑③：五家而伍，十家而连，五连而暴，五暴而长，命之曰某乡，四乡命之曰都。邑制也。邑成而制事④：四聚为一离，五离为一制，五制为一田，二田为一夫，三夫为一家。事制也。事成而制器⑤：方六里为一乘之地也。一乘者，四马也。一马，其甲七⑥，其蔽五⑦。一乘，其甲二十有八，其蔽二十。白徒三十人奉车两⑧。器制也。

注释

①暴：村落。与下文的“部”“聚”“方”等都是

地方行政单位名称。

②乏：供给贫乏。

③官成而立邑：行政管辖制度确立后，要建立居民组织制度。

④制事：制定生产组织。

⑤制器：确定军事装备。

⑥甲：穿戴盔甲的战士。

⑦蔽：防护战车的盾牌兵。

⑧白徒：没有经过军事训练的士卒。奉车两：负责兵车的杂务，即兵车后勤工作。

译文

方圆六里的区域称为暴，五暴的区域称为部，五部的区域称为聚。聚的区域内要设有集市，没有集市，人民的生活用品就会缺乏。五聚的区域称为乡，四乡的区域称为方。这是行政组织制度。行政组织制度建立后，要建立居民的组织制度。五家编为一伍，十家编为一连，五连编为一暴，五暴编为一长，把它称作某乡，四乡称为都。这是居民组织制度。居民组织制度建立后，要制定生产组织制度。四聚作为一离，五离作为一制，五制作为一田，二田作为一夫，三夫作为一家。这是生产组织制度。生产组织制度建立后，要确定军事装备制度。方圆六里的土地要准备兵车一乘，一乘配备四马。一马，配备甲士七人，盾手五人。一乘，则有甲士二十八人，盾手二十人。还配备民夫三十人，负责兵车的后勤工作。这是军事装备制度。

方六里，一乘之地也[1]。方一里，九夫之田也。黄金一镒[2]，百乘一宿之尽也[3]。无金则用其绢，季绢三十三制当一镒[4]。无绢则用其布，经暴布百两当一镒[5]。一镒之金，食百乘之一宿，则所布之地六步斟[6]。命之曰中岁[7]。

有市，无市则民乏矣。方六里名之曰社[8]，有邑焉[9]，名之曰央，亦关市之赋。黄金百镒为一箧，其货一谷笼为十箧。其商苛在市者三十人，其正月、十二月，黄金一镒，命之曰正分[10]。春曰书比[11]，夏曰月程[12]，秋曰大稽[13]，与民数得亡[14]。

注释

①一乘之地：应出一辆兵车的土地。

②镒：古代计量单位，二十四两为一镒。

③尽：通“赆jìn”，费用。

④季绢：细绢。制：古代计量单位，一丈八尺为一制。

⑤经quán：细布。暴布：白布。两：匹。

⑥斟：同“斗”。这里指一斗粮。

⑦中：中等税率。

⑧社：古代二十家为一社。

⑨邑：社中聚居处。
⑩正分：征税率。
⑪书比：公布税率。
⑫月程：按月考核。
⑬稽：统计。
⑭与：记录。

译文

方圆六里的土地，出一辆兵车。方圆一里的土地，是九个农夫的耕田。黄金一镒，是供应百乘兵车一宿的费用。没有黄金可以用细绢代替，细绢三十三制折合黄金一镒。没有细绢的可用细白布代替，一百匹细白布可折合黄金一镒。一镒黄金供给百乘兵车一夜的费用，那么征收布匹的地方，相当于每六步土地征粮一斗，这是中等年成的税率。

要有市场，没有市场，百姓的日常供给就会缺乏。方圆六里的地域称为社，有居民聚集的乡邑称为央，也要征收关税和市场税。黄金百镒算作一箧，货物一谷笼算作十箧。如果市场的商人达到三十人，从正月到十二月征收黄金一镒，这是征税率。每年的春分公布税率，立夏时按月核实税额，秋分时统计征税情况，同时统计市场交易人数的增减。

三岁修封，五岁修界，十岁更制，经正也[1]。一仞见水不大潦[2]，五尺见水不大旱。一仞见水轻征，十分去一，二则去二，三则去三，四则去四，五则去半，比之于山。五尺见水，十分去一，四则去二，三则去三，二则去四。一尺而见水，比之于泽。

注释

①经正：常例。

②一仞：古七尺为一仞。

译文

三年修整一次田埂，五年修整一次田界，十年重新划定一次，这些是常例。深一仞见水的土地，不会大涝；深五尺见水的土地，不会大旱。深一仞见水的土地，租税减收十分之一，二仞见水的减收十分之二，三仞见水的减收十分之三，四仞见水的减收十分之四，五仞见水的则减半，相当于山地的税率。深五尺见水的土地，也要减收租税的十分之一，四尺见水的减收十分之二，三尺见水的减收十分之三，二尺见水的减收十分之四，一尺见水的土地，相当于沼泽的税率。

距国门以外，穷四竟[①]之内，丈夫二犁[②]，童五尺一犁，以为三日之功。正月令农始作，服于公田农耕。及雪释耕始焉，芸卒焉[③]。士闲见、博学、意察[④]，而不为君臣者，与功而不与分焉[⑤]。贾，知贾之贵贱。日至于市，而不为官贾者，与功而不与分焉。工，治容貌功能[⑥]，日至于市，而不为官工者，与功而不与分焉。不可使而为工[⑦]，则视贷离之实而出夫粟[⑧]。

注释

①竟：同“境”。

②犁：一张犁一天所耕种的土地。

③芸：同“耘”，除草。

④意察：精明果断。

⑤与：参与。

⑥容貌：样式。

⑦工：同“功”，劳役。

⑧贷离：差别。夫粟：一人服役折算成的粮食。

译文

从都城城门之外到全国各地，成年男子以两张犁为单位，未成年男子以一张犁为单位，各自为国家服役三天。正月让百姓开始耕作，到公田去服役，从雪化耕种开始，直到锄草为止。凡见多识广、学问渊博、精明果断但还没有做官的士，也要服役三天而不分配收益。对于熟悉物价贵贱，每天都去集市做交易，却不是官商的商人，也要服役三日而不分配收益。对于讲求器物的样式与功能，每天去集市做交易，却不属于官家的手工业者，同样服役三日而不分配收益。对于那些不能服役的人，可以用交纳粮食的方式来补偿实际的劳役欠缺差额。

是故智者知之，愚者不知，不可以教民。巧者能之，拙者不能，不可以教民。非一令而民服之也，不可以为大善。非夫人能之也，不可以为大功。是故非诚贾不得食于贾，非诚工不得食于工，非诚农不得食于农，非信士不得立于朝。是故官虚而莫敢为之请，君有珍车珍甲而莫之敢有。君举事，臣不敢诬其所不能。君知臣，臣亦知君知己也。故臣莫敢不竭力，俱操其诚以来。

道曰：均地分力，使民知时也。民乃知时日之蚤晏、日月之不足、饥寒之至于身也[①]。是故夜寝蚤起，父子兄弟不忘其功，为而不倦，民不惮劳苦。故不均之为恶也，地利不可竭，民力不可殚。不告之以时而民不知，不道之以事而民不为。与之分货则民知得正矣[②]，审其分则民尽力矣[③]。是故不使而父子兄弟不忘其功。

右士农工商。

注释

①蚤晏：即早晚。蚤，通“早”。晏，晚，迟。

②得正：农家所得与官方所收租税。正，通“征”。

③分：指所得与租税。

译文

聪明的人明白而愚蠢的人不明白的事，不可以用来教化人民。灵巧的人能做到而笨拙的人不能做到的事，不可以用来教化人民。若不是一下命令人民就顺从，不可能实现大治。若不是人人都能做到，不可能实现大功。所以不诚信的商人，不能让他靠经商为生；不诚信的工匠，不能让他靠工匠为生；不诚信的农夫，不能让他靠务农为生；不诚信的士人，不能让他在朝中做官。这样一来，即使朝中官位空缺，也没有人敢去贸然请求，即使国君设有珍车、珍甲的待遇，也没有人敢去妄自享用。若是国君举办大事，则臣下不敢谎报无法做到的事情。国君了解臣下，臣下也知道国君了解自己。于是，臣下没有一个不尽心竭力，秉持忠诚之心来为君主服务的。

天道如此：公平地把土地分给个人耕种，可以促使百姓把握农时。这样，他们就会关注时节的早晚，认识到时间的紧迫和饥寒对自身的威胁。因而能够晚睡早起，父子兄弟一家人关心农业生产，做起来不知疲倦，不辞辛苦。土地不能公平地分配，其祸患在于：土地效益不能充分发挥，人民潜力不能充分挖掘。不告诉他们农业生产的时节，他们就不会抓紧；不指导他们农业生产的劳作，他们就不会耕种。对人民实行分取财货制度，人民就能懂得收益和赋税。明确了收益和赋税，人民就会竭力从事自己的工作。所以不必督促他们，他们也会关心自己的农事生产。

以上是“士农工商”。

圣人之所以为圣人者，善分民也[①]。圣人不能分民，则犹百姓也。于己不足，安得名圣？是故有事则用[②]，无事则归之于民，唯圣人为善托业于民。民之生也，辟则惠[③]，闭则类[④]，上为一，下为二。

右圣人。

注释

①分民：分利于民。

②用：征收财物。

③辟则惠：开导就通达。惠，通“慧”。

④闭则类：约束就善良。类，善良。

译文

圣人之所以为圣人，是因为善于分利于民。圣人做不到这一点，就如同普通百姓了。自己总是贪婪不觉满足，哪里算得上圣人呢？国家有事就取用于民，无事就藏富于民，只有圣人才善于把事业寄托在人民那里。人的本性，开导就通达，约束就善良，上面做出好的榜样，下面就会加倍仿效。

以上是“圣人”。

时之处事精矣①，不可藏而舍也②。故曰：今日不为，明日亡货③，昔之日已往而不来矣。

右失时。

注释

①精：珍贵。

②舍：停止。

③亡：通“无”，丧失。

译文

农时对于农事来说非常重要，无法把它藏起来使之停滞不前。所以说：今天不进行生产，明天就没有收获。过去的时光，一去就再也回不来了。

以上是“失时”。

上地方八十里[1]，万室之国一，千室之都四。中地方百里，万室之国一，千室之都四。下地方百二十里，万室之国一，千室之都四。以上地方八十里，与下地方百二十里，通于中地方百里[2]。

右地里。

注释

①上地：上等的土地。

②通：相当于、等于。

译文

方圆八十里的上等土地，可以建成一座万户人口的城市，四座千户人口的城镇。方圆百里的中等土地，可以建成一座万户人口的城市，四座千户人口的城镇。方圆一百二十里的下等土地，可以建成一座万户人口的城市，四座千户人口的城镇。方圆八十里的上等土地与方圆一百二十里的下等土地，均相当于方圆一百里的中等土地。

以上是“地里”。

七 法

题解

七法，治国治军的七项基本原则，即则、象、法、化、决塞、心术、计数。文章除对七法进行介绍外，还对聚财、论工、制器、选士、政教、服习、遍知天下、明于机数的治兵方略，审地图、量蓄积、齐勇士的将帅职责，风雨之行、飞鸟之举、雷电之战、水旱之功、金城之守、一体之制的用兵之法等军事问题进行了专门论述。

言是而不能立，言非而不能废，有功而不能赏，有罪而不能诛，若是而能治民者，未之有也。是必立，非必废，有功必赏，有罪必诛，若是安治矣[①]？未也。是何也？曰：形势器械未具[②]，犹之不治也。形势器械具，四者备，治矣。不能治其民，而能强其兵者，未之有也。能治其民矣，而不明于为兵之数，犹之不可。不能强其兵，而能必胜敌国者，未之有也。能强其兵，而不明于胜敌国之理，犹之不胜也。兵不必胜敌国，而能正天下者[③]，未之有也。兵必胜敌国矣，而不明正天下之分[④]，犹之不可。故曰：治民有器，为兵有数，胜敌国有理，正天下有分。

注释

①安：则，就。

②器械：治理百姓的设施。

③正：匡正。

④分：计划，步骤。

译文

正确的主张不被接受，错误的主张不被废弃，立功者得不到奖赏，犯罪者得不到诛罚，像这个样子能把人民治理好的，从来没有。正确的主张一定接受，错误的主张一定废弃，立功者一定受到奖赏，犯罪者一定遭到诛罚，像这个样子就能把人民治理好吗？治理不好。什么原因呢？回答是：治理百姓的客观形势和制度设施没有具备，仍然治理不好。客观形势和制度设施都具备了，以上四点也都做到了，就可以治理好了。人民治理不好，却能使军队强大的，从来没有这样的事。能够治理好人民，但不懂得用兵的策略，还是不行。军队强大不起来，却一定能战胜敌国的，从来没有这样的事。能够使军队强大却不懂得战胜敌国的道理，仍然不能取胜。军队没有战胜敌国的必然把握却能够匡正天下的，从来没有这样的事。军队一定能战胜敌国却不懂得匡正天下的原则计划，仍然不行。所以说：治理人民有条件，治理军队有策略，战胜敌国有道理，匡正天下有原则计划。

则、象、法、化、决塞、心术、计数[1]。根天地之气[2]，寒暑之和，水土之性，人民鸟兽草木之生，物虽甚多，皆均有焉，而未尝变也，谓之则。义也、名也、时也、似也、类也、比也、状也[3]，谓之象。尺寸也、绳墨也、规矩也、衡石也、斗斛也、角量也，谓之法。渐也、顺也、靡也、久也、服也、习也，谓之化。予夺也、险易也、利害也、难易也、开闭也、杀生也，谓之决塞。实也、诚也、厚也、施也、度也、恕也，谓之心术。刚柔也、轻重也、大小也、实虚也、远近也、多少也，谓之计数。不明于则，而欲错仪画制[4]，犹立朝夕于运均之上[5]，摇竿而欲定其末。不明于象，而欲论材审用，犹绝长以为短，续短以为长。不明于法，而欲治民一众，犹左书而右息之。不明于化，而欲变俗易教，犹朝揉轮而夕欲乘车。不明于决塞，而欲驱众移民，犹使水逆流。不明于心术，而欲行令于人，犹倍招而必射之[6]。不明于计数，而欲举大事，犹无舟楫而欲经于水险也[7]。故曰：错仪画制，不知则不可。论材审用，不知象不可。治民一众，不知法不可。变俗易教，不知化不可。驱众移民，不知决塞不可。布令必行，不知心术不可。举事必成，不知计数不可。

右七法。

注释

①则、象、法、化、决塞、心术、计数：文章标题“七法”所指。则，规律。象，表象。法，规范。化，教化。决塞，权衡。心术，心理活动。计数，计算方法。

②根：探求，追究。

③义：同“仪”。

④错仪画制：制定法令制度。

⑤朝夕：古代测日影以定时间的仪器。均：制陶器的轮子。

⑥倍招：背对着箭靶。倍，通“背”。招，箭靶。

⑦经：渡过。

译文

七法是指规律、表象、规范、教化、权衡、心术和计数。探究天地的元气，寒暑的协调，水土的特性，人类、鸟兽、草木的生长繁衍，事物虽多，但都有一个共同的东西是不曾改变的，叫作规律。事物的外形、名称、年代、相似、类属、次序、状态，叫作表象。尺寸、绳墨、规矩、衡石、斗斛、角量，叫作规范。使百姓渐进、驯服、磨炼、熏染、适应、习惯，叫作教化。斟酌予夺、险易、利害、难易、开闭、死生，叫作权衡。老实、忠诚、宽厚、施舍、度量、容让，叫作心术。刚柔、轻重、大小、虚实、远近、多少，叫作计数。不明白规律，却想立法定制，就好像测时器插在转动的陶轮上，摇动竹竿却又妄想稳定它的末端一样。不了解表现，而想量才用人，就好像把长材短用、短材长用一样。不了解事物的规范，而想治理人民统一号令，就好像用左手写字，却用右手阻止一样。不明白教化，而想要改变风俗习惯，就好像早晨刚做好车轮，晚上却要乘车一样。不了解权衡的方法，却想驱使和调遣人民，就好像要使水倒流一样。不了解心理活动，而想对别人发号施令，就好像背对着箭靶却想射中目标一样。不了解计算方法而想要办大事，就好像没有船桨却想渡过急流险滩一样。所以说：立法定制，不了解规律不行；量才用人，不了解表现不行；治理人民统一号令，不了解规范不行；改变风俗习惯，不了解教化不行；驱使和调遣人民，不了解权衡不行；发号施令必定推行，不了解心理活动不行；办大事必定成功，不了解计算方法不行。

以上是“七法”。

百匿伤上威[①]，奸吏伤官法，奸民伤俗教，贼盗伤国众。威伤则重在下，法伤则货上流，教伤则从令者不辑[②]，众伤则百姓不安其居。重在下则令不行，货上流则官德毁，从令者不辑则百事无功，百姓不安其居则轻民处而重民散[③]。轻民处、重民散则地不辟，地不辟则六畜不育，六畜不育则国贫而用不足，国贫而用不足则兵弱而士不厉[4]，兵弱而士不厉则战不胜而守不固，战不胜而守不固则国不安矣。故曰：常令不审则百匿胜，官爵不审则奸吏胜，符籍不审则奸民胜[5]，刑法不审则盗贼胜。国之四经败，人君泄见危[6]。人君泄，则言实之士不进。言实之士不进，则国之情伪不竭于上[7]。

注释

①匿：通“慝”，奸邪。

②辑：和睦。

③轻民处而重民散：从事手工业和商业的人聚集而务农者离散。

④厉：勇猛。

⑤符籍：这里指通行凭证和人丁簿册。

⑥泄：亵渎，蔑视。

⑦情伪：真假。

译文

奸臣损害君主的权威，奸吏破坏国家的法制，奸民伤害风俗教化，盗贼迫害国内的民众。君主的权威被损害，权力就会下移；国家的法制被破坏，财货贿赂就会进入上层；教化被伤害，臣民就不会和睦；民众被伤害，百姓就不会安居乐业。君权下移，政令就无法推行；财货贿赂流入上层，官德就将败坏；臣民不和睦，什么事都办不成；百姓不安居乐业，从事工商业的人就会增加而从事农业的人就会减少。从事工商业的人增加而从事农业的人减少，土地就得不到开辟；土地得不到开辟，六畜就不能繁育；六畜不能繁育，国家就会陷入贫困以致财用不充足；国家陷入贫困、财用不充足，军队就会疲弱，士气就会不振；军队疲弱、士气不振就将导致战争不能胜利、防守不能坚固；战争不能胜利、防守不能坚固，国家就危在旦夕了。所以说：国家的法令制度不严明，奸臣就会为所欲为；官爵制度不严明，奸吏就会大行其道；符籍制度不严明，奸民就会滋生蔓延；刑罚制度不严明，盗贼就会狂妄猖獗。国家的四种根本制度建立不起来，君主将被蔑视，危亡就要出现了。君主被蔑视，诚信之士就不会向君主进谏；诚信之士不向君主进谏，君主对于国家的真实情况就无从掌握。

世主所贵者宝也[①]，所亲者戚也，所爱者民也，所重者爵禄也。明君则不然。致所贵非宝也[②]，致所亲非戚也，致所爱非民也，致所重非爵禄也。故不为重宝亏其命[③]，故曰令贵于宝。不为爱亲危其社稷，故曰社稷戚于亲。不为爱人枉其法，故曰法爱于人。不为重禄爵分其威，故曰威重于爵禄。不通此四者，则反于无有。故曰：治人如治水潦，养人如养六畜，用人如用草木。君身论道行理，则群臣服教，百吏严断，莫敢开私焉。论功计劳，未尝失法律也。便辟、左右、大族、尊贵、大臣，不得增其功焉。疏远、卑贱、隐不知之人，不忘其劳。故有罪者不怨上，受赏者无贪心，则列陈之士[④]，皆轻其死而安难，以要上事[⑤]。为兵之极也。

右四伤。

注释

①世主：国君。

②致：至，最。

③亏：损害。

④陈：通“阵”。

⑤上事：正业，这里指为国立功。

译文

一般君主所看重的是珍宝，所接近的是亲戚，所爱护的是百姓，所重视的是爵禄。英明的君主不是这样。他最看重的不是珍宝，最接近的不是亲戚，最爱护的不是百姓，最重视的不是爵禄。所以英明的君主不会为了看重珍宝而损害他的政令，政令比珍宝更值得看重。不会为了接近亲戚危害他的国家，国家比亲戚更值得接近；不会为了所爱的百姓而违背法律，法律比百姓更值得爱护；不会为了重要的爵禄而削弱威信，威信比爵禄更值得重视。君主如果不懂得这四个道理，就会一无所获。治理人民就如同治理水涝，养育人民就如同养育六畜，使用百姓就如同使用草木。君主明事达理以身作则，群臣就会服从政令，百官就会断事严明，没有人敢徇私枉法。根据臣下的功绩给予相应的奖赏，不能违背法令制度。谄媚逢迎的小人、左右的侍从、豪门大族、权贵之家和朝廷大臣，不能无故拔高他们的功绩。关系疏远的、地位卑贱的、不知名的人，只要有功绩就不应该埋没。如果这样，有罪过的人不会怨恨君主，受赏赐的人不会滋长贪心，参战的将士不会顾惜生命，且个个视死如归争取为国立功。这是治理军队的最高境界。

以上是“四伤”。

为兵之数：存乎聚财而财无敌，存乎论工而工无敌①，存乎制器而器无敌。存乎选士而士无敌。存乎政教而政教无敌，存乎服习而服习无敌②，存乎遍知天下而遍知天下无敌，存乎明于机数而明于机数无敌③。故兵未出境而无敌者八。是以欲正天下，财不盖天下，不能正天下；财盖天下，而工不盖天下，不能正天下；工盖天下，而器不盖天下，不能正天下；器盖天下，而士不盖天下，不能正天下；士盖天下，而教不盖天下，不能正天下；教盖天下，而习不盖天下，不能正天下；习盖天下，而不遍知天下，不能正天下；遍知天下，而不明于机数，不能正天下。故明于机数者，用兵之势也[4]，大者时也，小者计也。

注释

①论工：考论工匠的技巧。

②服习：军事训练。

③机数：时机和谋略。

④势：关键。

译文

用兵的方法：在于积聚财富，使财富无敌；在于考论军事技艺，使技艺无敌；在于制造兵器，使兵器无敌；在于选拔战士，使战士无敌；在于管理教育，使管理教育无敌；在于军事训练，使军事训练无敌；在于调查各国情况，使调查工作无敌；在于审定时机和策略，使审定工作无敌。于是，军队还未出境，就已经在八个方面无敌于天下了。所以，要想匡正天下，财富做不到天下无敌，不能匡正天下；财富天下无敌了，军事技艺做不到天下无敌，不能匡正天下；军事技艺天下无敌了，兵器做不到天下无敌，不能匡正天下；兵器天下无敌了，战士做不到天下无敌，不能匡正天下；战士天下无敌了，管理教育做不到天下无敌，不能匡正天下；管理教育天下无敌了，军事训练做不到天下无敌，不能匡正天下；军事训练天下无敌了，各国调查工作做不到天下无敌，不能匡正天下；各国调查工作天下无敌了，审定时机和策略做不到天下无敌，不能匡正天下。所以，审定时机和策略是用兵的关键，首要的是掌握作战时机，其次是讲究作战策略。

王道非废也，而天下莫敢窥者，王者之正也。衡库者[①]，天子之礼也。是故器成卒选，则士知胜矣。遍知天下，审御机数，则独行而无敌矣。所爱之国而独利之，所恶之国而独害之，则令行禁止，是以圣王贵之。胜一而服百，则天下畏之矣。立少而观多，则天下怀之矣。罚有罪，赏有功，则天下从之矣。故聚天下之精材，论百工之锐器，春秋角试以练[②]，精锐为右，成器不课不用[③]，不试不藏。收天下之豪杰，有天下之骏雄，故举之如飞鸟，动之如雷电，发之如风雨，莫当其前，莫害其后，独出独入，莫敢禁圉。成功立事，必顺于理义，故不理不胜天下，不义不胜人。故贤知之君必立于胜地，故正天下而莫之敢御也。

右为兵之数。

注释

①衡库：权衡利弊，心中有数。

②角：较量，比较。练：选择。

③课：检查。

译文

王道不能废止。天下之所以不敢觊觎推行王道的国家，就在于王道的正义。权衡天下的利弊得失，这是天子应遵守的礼数。所以，兵器制造精良，士兵选拔已定，军队就有了取胜的信心。普遍了解各国的情况，审定驾驭战争的时机与策略，这样就可以所向无敌了。对于友好的国家，要给予特殊的扶持；对于敌对的国家，要给予专门的惩罚，这样就能令出即行，禁发则止。因此，英明的君主都很重视它。战胜一个国家，其他多个国家随即表示顺服，全天下的人就会畏惧；扶植少数国家给其他多个国家做出示范，全天下的人就会归附。惩罚有罪的，赏赐有功的，全天下的人就会追随。因此，要聚集天下最好的物材，探究工匠制造的锐利兵器，春秋两季进行较量、试验，选择精锐的器械列为上等。制成的兵器，未经检查不能使用，未经试验不能入库。再网罗天下的豪杰，拥有天下的勇士，这样就可以举兵如飞鸟，动兵如雷电，发兵如风雨，没有人能在前面阻挡，也没有人能从后面伤害，独出独入，无人敢于抵抗。成就功绩建立事业，一定要顺乎理与义。不合乎理不能取胜天下，不合乎义不能战胜敌人。因此，贤明睿智的君主，一定是站在必胜的立场，这样才能够匡正天下而无人敢于抵挡。

以上是“为兵之数”。

若夫曲制时举[1]，不失天时，毋圹地利[2]。其数多少，其要必出于计。故凡攻伐之为道也，计必先定于内，然后兵出乎境。计未定于内而兵出乎境，是则战之自败，攻之自毁也。是故张军而不能战[3]，围邑而不能攻，得地而不能实，三者见一焉，则可破毁也。故不明于敌人之政，不能加也[4]。不明于敌人之情，不可约也[5]。不明于敌人之将，不先军也。不明于敌人之士，不先陈也。是故以众击寡，以治击乱，以富击贫，以能击不能，以教卒练士击驱众白徒，故十战十胜，百战百胜。

故事无备，兵无主，则不蚤知敌。野不辟，地无吏，则无蓄积。官无常，下怨上，而器械不功[6]。朝无政则赏罚不明，赏罚不明则民幸生。故蚤知敌则如独行，有蓄积则久而不匮，器械功则伐而不费[7]，赏罚明则人不幸生，人不幸生则勇士劝之。故兵也者，审于地图，谋于日官[8]，量蓄积，齐勇士，遍知天下，审御机数，兵主之事也。

注释

①曲制：军队建制，这里指用兵。

②圹：通“旷”，荒废。

③张军：摆开阵势。

④加：发动战争。

⑤约：下战书宣战。

⑥功：同“工”。

⑦费：通“拂”，挫折。

⑧日官：掌管天文的官员。

译文

至于用兵，要把握时机发动进攻，不能丧失天时，也不能放弃地利。军事上人员、物资等数量的多少，关键在于一切要有计谋策划。所以，凡是攻伐的战略，一定要在国内做好计划，然后再举兵出境。计划还未制定；兵已出境，这是战之自败，攻之自毁。摆开阵势却不能交战，包围城邑却不能进攻，夺取了土地却不能据守，三种情况出现一种，军队就要被击毁。所以，不了解敌人的政治状况，不可以出兵；不了解敌人的军情，不可以宣战；不了解敌人的将领，不可以抢先采取军事行动；不了解敌人的士兵，不可以先布列阵势。以多数攻击少数，以有序攻击无序，以富有攻击贫穷，用贤能攻击无能，用训练有素的士卒攻击未经训练的乌合之众，这样才能做到十战十胜，百战百胜。

战事没有准备，军队没有统帅，就不可能早知敌情。荒野没有开垦，土地无人管理，就不会有粮食积蓄。官府没有常规，下级抱怨上级，武器就不会精良。朝廷没有政令，赏罚就不会分明；赏罚不分明，百姓就侥幸偷生。所以，早知敌情，就能所向披靡；有粮食积蓄，就可以久战而不匮乏；武器精良，打起仗来就顺利；赏罚严明，人民就不会侥幸偷生；人民不侥幸偷生，勇士们就会努力作战。所以，关于用兵，一定要了解地利，把握天时，计算粮食储备，训练士卒，遍知各国信息，抓住作战时机并筹划作战策略，这是统帅的职责。

有风雨之行，故能不远道里矣。有飞鸟之举，故能不险山河矣。有雷电之战，故能独行而无敌矣。有水旱之功[①]，故能攻国救邑。有金城之守，故能定宗庙、育男女矣。有一体之治，故能出号令、明宪法矣。风雨之行者，速也。飞鸟之举者，轻也。雷电之战者，士不齐也[②]。水旱之功者，野不收、耕不获也。金城之守者，用货财、设耳目也[③]。一体之治者[④]，去奇说、禁雕俗也[⑤]。不远道里，故能威绝域之民。不险山河，故能服恃固之国。独行无敌，故令行而禁止。攻国救邑，不恃权与之国[⑥]，故所指必听。定宗庙、育男女，天下莫之能伤，然后可以有国。制仪法，出号令，莫不响应，然后可以治民一众矣。

右选陈。

注释

①功：功用，效果。

②士不齐：敌人的士兵来不及摆出阵势。

③用货财：用财货收买敌人。设耳目：安排间谍。

④一体之治：像人的身体一样协调的治理。

⑤雕俗：奢侈的风俗。

⑥权与之国：盟国。

译文

军队有风雨般的行进，就不怕路途遥远；有飞鸟般的举动，就不怕山河险阻；有雷电般的进攻，就所向披靡；有水灾、旱灾般的效力，就可以攻城略地；有金城般的防守，就能安定祖庙，繁衍人口；有身体般协调的机制，就能发布号令，严明法制。风雨般的行进，是指速度快；飞鸟般的举动，是指动作轻捷；雷电般的进攻，是指让敌兵来不及布阵；水灾、旱灾般的效力，是指让敌方的土地颗粒无收；金城般的防守，是指使用货财收买敌人、派出间谍；身体般协调的机制，是指摒弃奸邪的言论、禁止奢侈的风俗。军队不怕路途遥远，就能威慑远方的臣民；不怕山河险阻，就能征服恃险固守的敌国；所向披靡，就能够做到令行禁止。这样，攻城略地，就不必依靠盟国，因为军队指向哪里，哪里就听从。安定祖庙，繁衍人口，天下没有人能够伤害，然后政权就巩固了。制定礼仪和法制，发号施令，没有人不响应，然后就可以治理人民并统一百姓行动了。

以上是“选阵”。

版　法

题解

版法，按尹知章的解释，就是“选择政要，载之于版，以为常法”。作者认为，君主成就事业的关键在于整饬三经，即正君心、顺天时、得人和。文章行文简短，很像古代君主的为政铭记。

凡将立事[①]，正彼天植[②]，风雨无违，远近高下，各得其嗣[③]。三经既饬，君乃有国。

注释

①立事：成就事业。

②植：志，心。

③嗣：通“治”。

译文

凡是将要成就事业的君主，必须端正自己的心志，不违背风雨到来的农业时节，使手下各方面的人才各得其位。这三个根本问题解决了，国君便可以真正拥有自己的国家。

喜无以赏，怒无以杀。喜以赏，怒以杀，怨乃起，令乃废。骤令不行[①]，民心乃外。外之有徒，祸乃始牙[②]。众之所忿，寡不能图。

举所美必观其所终，废所恶必计其所穷。庆勉敦敬以显之[③]，富禄有功以劝之，爵贵有名以休之。兼爱无遗，是谓君心。必先顺教[④]，万民乡风[⑤]。旦暮利之，众乃胜任。

注释

①骤令：屡次下令。

②牙：同“芽”，萌发。

③庆勉：赏赐慰劳。

④顺：同“训”。

⑤乡：通“向”。

译文

高兴时不随意赏赐，发怒时不擅自惩罚。随意赏赐，擅自惩罚，不但招致怨愤，政令也将废止。政令屡次行不通，人民就会有外心。有外心的人结成党羽，祸乱就开始萌生。众人产生怨愤，少数人就难以应对了。

兴办所喜欢的事情，一定要看到它的结果；废止所厌恶的事情，一定要考虑到它的结局。以赏赐慰劳的方式对那些敦厚恭敬的人进行表彰，以财富俸禄的方式对那些有功的人进行鼓励，以加升爵位使其高贵的方式对有名望的人进行赞誉。兼爱众民没有遗漏，这是君主的胸怀。一定要先实施训化教育，民众才会趋向好的风俗。经常施以恩惠，大家才会完成自己的工作。

取人以己，成事以质[①]。审用财，慎施报，察称量。故用财不可以啬，用力不可以苦。用财啬则费[②]，用力苦则劳。民不足，令乃辱[③]。民苦殃，令不行。施报不得，祸乃始昌。祸昌不寤，民乃自图。

注释

①质：实际。

②费：通“拂”，逆，不顺。

③辱：耻，这里指政令得不到实行。

译文

取用他人要推及自身，成就事业要根据实际。仔细斟酌财用支出，谨慎处理施予报酬，明确事物的分量限度。所以，君主用财于民不能吝啬，用力于民不能过度。用财吝啬人民就会不顺从，用力过度人民就易疲惫。人民贫困，政令就不能落实；人民疲惫不堪，政令就无法贯彻。施予报酬得不到，祸乱就会发展。祸乱发展了，君主还不醒悟，人民就自谋叛乱了。

正法直度，罪杀不赦。杀僇必信[①]，民畏而惧。武威既明，令不再行。顿卒怠倦以辱之[②]，罚罪有过以惩之，杀僇犯禁以振之[③]。植固不动，倚邪乃恐[④]。倚革邪化，令往民移。

法天合德，象地无亲，参于日月，佐于四时。悦众在爱施，有众在废私，召远在修近，闭祸在除怨。备长在乎任贤[⑤]，安高在乎同利[⑥]。

注释

①僇：通“戮”。

②顿卒：斥责。

③振：通“震”，震慑。

④倚：通“奇”。

⑤备长：为长远利益作准备。

⑥安高：保持尊贵的高位。

译文

法令公正，制度明确，有罪必杀，从不宽赦。执行杀戮说到做到，人民就心生畏惧。刑罚权威一旦明示于众，法令就不必再次重申。对于懒惰的人，通过训斥使他们感到耻辱；对于有过错的人，通过处罚使他们受到惩戒；对于犯罪的人，通过杀戮使他们受到震慑。君主执法之心牢固不动摇，怪僻邪恶之人就会感到恐惧。怪僻邪恶之人被驯化，法令一出，百姓就会欣然从命。

效法上天遍施恩德，效仿大地宽爱无私，以日月为参照，以四时为辅佐。使百姓高兴在于广施恩泽，拥有民众在于废除私心，招徕远方的人民在于国内修治，杜绝祸患在于除去人民的怨愤。筹备长远的利益在于任用贤人，巩固君主的地位在于与民同利。

幼官

题解

幼官，即玄宫，也就是明堂，是古代帝王朝会、祭祀、庆赏、宣教的理政场所，其规模、形制、方位均有定制。文章最初图文并行，现只存文字。前后共分十章，分别是对中、东、南、西、北各图的说明。每章文字详述对应的月令、方物、政治及军事纲领。这里只做了选译。

冬行秋政雾，行夏政雷，行春政烝。十二始寒，尽刑。十二小榆，赐予。十二中寒，收聚。十二中榆，大收。十二大寒，至静。十二大寒之阴，十二大寒终。三寒同事。六行时节[①]，君服黑色，味咸味，听徵声，治阴气，用六数，饮于黑后之井[②]，以鳞兽之火爨。藏慈厚，行薄纯，坦气修通。凡物开静，形生理。

注释

①六行时节：指上述六个时节。

②黑后之井：北方之井。北方色黑，故名。

译文

冬季行秋令就会雾气弥漫，行夏令就会雷声大作，行春令就会燥气上行。十二天为始寒，要执行完刑罚。十二天为小榆，要颁行赏赐。十二天为中寒，要收藏聚敛。十二天为中榆，要全部收藏。十二天为大寒，要静养生息。十二天为大寒之阴，十二天大寒结束。三寒期间行事相同。六行时节，君主要穿黑色服装，吃咸味食物，听徵调音乐，治阴冷之气，器具用六数，饮水于北方之井，烧食于东方之火。要胸怀慈爱之心，行事纯朴节俭，心气平和畅通。万物宁静，其道自得。

器成于僇[①]，教行于钞[②]。动静不记[③]，行止无量[④]。戒四时以别息[⑤]，异出入以两易，明养生以解固[⑥]，审取予以总之。一会诸侯，令曰：非玄帝之命，毋有一日之师役。再会诸侯，令曰：养孤老，食常疾，收孤寡。三会诸侯，令曰：田租百取五，市赋百取二，关赋百取一，毋乏耕织之器。四会诸侯，令曰：修道路，偕度量[⑦]，一称数，薮泽以时禁发之。五会诸侯，令曰：修春秋冬夏之常祭，食天壤山川之故祀，必以时。六会诸侯，令曰：以尔壤生物共玄宫，请四辅[⑧]，将以礼上帝。七会诸侯，令曰：官处四体而无礼者，流之焉莠命[⑨]。八会诸侯，令曰：立四义而毋议者，尚之于玄宫[⑩]，听于三公。九会诸侯，令曰：以尔封内之财物、国之所有为币。九会，大命焉出，常至。千里之外，二千里之内，诸侯三年而朝，习命。二年，三卿使四辅。一年，正月朔日，令大夫来修，受命三公。二千里之外，三千里之内，诸侯五年而会，至，习命。三年，名卿请事⑪。二年，大夫通吉凶。三千里之外，诸侯世一至。十年，重適入，正礼义。五年，大夫请受变⑫。置大夫以为廷官，入共受命焉⑬。

此居于图北方方外。

注释

①僇：通“缪”，周到。

②钞：通“眇miǎo”，细微。

③不记：失去纲纪。记，通“纪”。

④无量：没有章法、规矩。

⑤戒：慎重。

⑥固：固结不通。

⑦偕：同。

⑧四辅：官名。尹知章注：“四辅即三公、四辅也，所以助祭行礼。”

⑨荞命：乱命。

⑩尚：同“赏”。

⑪名：命。

⑫变：通“辨”，言辞名物。

⑬共：通“贡”。

译文

器物制作得好，在于周到精致；教化实施得好，在于施教入微。动和静没有纲纪，行为就会失去度量。审慎地对待四季变化来安排活动，分清财物的出入来整顿交易，明确养生的方法来消除身体的不适，计算财物的出入来进行总的核算。第一次召集诸侯下令说：没有玄帝的命令，一天也不能发生战争。第二次召集诸侯下令说：收养孤儿老人，养活常病的人，收养鳏夫寡妇。第三次召集诸侯下令说：田租收取百分之五，市场交易税收取百分之二，关卡收税百分之一，不要让人民缺乏耕种和纺织的生产器具。第四次召集诸侯下令说：整修道路，统一度量标准，林薮湖泽按时令封禁和开放。第五次召集诸侯下令说：春秋冬夏的一般祭祀，天地山川的惯常祭祀，一定要按时进行。第六次召集诸侯下令说：把你们土地上生产出来的物品进贡给玄宫，请示助祭行礼的四辅，礼祭上天。第七次召集诸侯说：官员在视、听、言、貌方面不符合礼法的，以秽乱教命的罪名将其流放。第八次召集诸侯下令说：言行可嘉而没有遭到非议的，在玄宫内接受封赏，由三公主持。第九次召集诸侯下令说：把你们封国之内的财货和物品，作为币礼进贡给玄宫。九次召集诸侯的命令从这里下发之后，诸侯就经常来朝见。一千里以外、两千里以内的诸侯，三年来朝一次，学习法令。每两年派遣三卿来朝一次，把国情汇报给四辅。每年正月初一，派遣大夫来朝学习一次，并去三公那里接受命令。两千里以外、三千里以内的诸侯，每五年来朝一次，学习法令。每三年派遣命卿来朝一次，请求指示。每两年派遣大夫来朝一次，通报国内的吉凶状况。三千里以外的诸侯，三十年来朝一次。每十年诸侯派遣其世子来朝一次，匡正礼仪。每五年派遣大夫来朝一次，学习言辞名物。再委派一个大夫作为常驻朝廷的官吏，负责缴纳贡物并接受天子命令。

以上位于“玄宫图”北方方外。

旗物尚黑，兵尚胁盾，刑则游仰灌流[①]。

察数而知治，审器而识胜，明谋而胜适，通德而天下定。定宗庙，育男女，官四分[②]，则可以立威行德，制法仪，出号令。至善之为兵也，非地是求也，非人是君也。立义而加之以胜，至威而实之以德，守之而后修胜，心樊海内[③]。民之所利立之，所害除之，则民人从。立为六千里之侯，则大人从。使国君得其治，则人君从。会请命于天[④]，地知气和，则生物从。

注释

①游仰灌流：一种水刑。

②四分：指士、农、工、商分业而治。

③樊：控制。

④会：同“禬”，消除疾殃的祭祀。

译文

旌旗、饰物用黑色，兵器用胁盾，刑法用水刑。

考察治国方略就可以知道国家的治乱，审查武器装备就可以知道战争的胜负，懂得谋划就能战胜敌人，推行德政就能平定天下。安定祖庙，繁衍人口，管理好士农工商四民，就可以建立威信，实行仁政，制定法规，发号施令。圣人发动战争，不是为了夺取别国的土地，不是为了统治别国的百姓。他是用胜利作保证来树立正义，以德行为内容来建立威信，守护住这些，胜利巩固了，圣人就能用心控制整个天下。对人民有利的就兴办，对人民有害的就废除，人民就会顺从。被封为方圆六千里的诸侯，就会有贤能之人追随。帮助各国把国家治理好，就会得到他国国君的尊重。祭天以消除灾害，水土合宜，生灵万物就会归附。

计缓急之事，则危危而无难。明于器械之利，则涉难而不变。察于先后之理，则兵出而不困。通于出入之度，则深入而不危。审于动静之务，则功得而无害。著于取与之分，则得地而不执[①]。慎于号令之官[②]，则举事而有功。

此居于图北方方外。

注释

①执：通“慹zhí”，畏惧。

②官：事。

译文

区分战事的缓急，遇到极度危险就不会陷入灾难。深谙器械的优长，陷入困境就不会惊惶失措。明白先后有序的道理，军队出发就不会产生什么困惑。懂得应战退守要适度，深入敌境就不会发生危险。知道行动和静守各有效用，就会成功而无危害。分清楚夺取与给予的界限，攻占了土地也不会畏惧。谨慎地发号施令，做起事来就必定成功。

以上位于“玄宫图”北方方外。

五 辅

题解

本篇认为，王霸天下，最主要的是争取人心。要想争取人心，莫过于给他们实际的利益，而这又与君主的政绩息息相关。那么如何为政才能取得政绩呢？作者提出德、义、礼、法、权五项施政措施，这就是篇名“五辅”之意。值得注意的是，文章把改善民生、输送财物、救济贫困等经济政策作为君主施德的主要措施，体现出作者为政治世的务实态度。本篇是选译。

古之圣王所以取明名广誉、厚功大业①，显于天下、不忘于后世，非得人者未之尝闻。暴王之所以失国家，危社稷，覆宗庙，灭于天下，非失人者未之尝闻。今有土之君，皆处欲安，动欲威，战欲胜，守欲固。大者欲王天下，小者欲霸诸侯，而不务得人。是以小者兵挫而地削，大者身死而国亡。故曰：人不可不务也，此天下之极也。

注释

①明名：盛名。

译文

古代圣明的君主之所以能取得盛名大誉、丰功伟业，名扬天下，为后人铭记，不是由于得到人民拥护的，从来没有听说过。暴戾的君主之所以失去国家，危及社稷，使宗庙覆灭，被天下人灭绝，不是由于失去人民拥护的，从来没有听说过。现在拥有土地的国君，都想居处安定，行动威严，出兵旗开得胜，退守坚不可摧。雄心大的，要称王天下；雄心小的，要称霸诸侯，可是都不想在争取人心上下工夫。于是轻者，军队受挫，土地削减；重者，自己战死，国家沦亡。所以说，人心不可不去努力争取，这是称王称霸的最高原则。

曰：然则得人之道，莫如利之。利之之道，莫如教之以政。故善为政者，田畴垦而国邑实，朝廷闲而官府治，公法行而私曲止[①]，仓廪实而囹圄空[②]，贤人进而奸民退。其君子上中正而下谄谀[③]，其士民贵武勇而贱得利，其庶人好耕农而恶饮食，于是财用足而饮食薪菜饶。是故上必宽裕而有解舍[④]，下必听从而不疾怨。上下和同而有礼义，故处安而动威，战胜而守固，是以一战而正诸侯。不能为政者，田畴荒而国邑虚，朝廷凶而官府乱，公法废而私曲行，仓廪虚而囹圄实，贤人退而奸民进。其君子上谄谀而下中正，其士民贵得利而贱武勇，其庶人好饮食而恶耕农，于是财用匮而饮食薪菜乏，上弥残苟而无解舍，下愈覆鸷而不听从⑤，上下交引而不和同。故处不安而动不威，战不胜而守不固。是以小者兵挫而地削，大者身死而国亡。故以此观之，则政不可不慎也。

注释

①私曲：自私偏邪。

②囹圄：监狱。

③上：同“尚”，崇尚，推崇。

④解舍：免除，减免。

⑤覆鸷：固执凶狠。覆，通“愎”。鸷，一种猛禽。

译文

争取人心的方法，莫过于给他们实际的利益；给他们实际利益的途径，莫过于以政绩来向他们做出保证。所以，善于为政的人，总是使田野垦辟而城邑殷实，朝廷安闲而吏治清明，公法得以通行而邪道遭受禁止，粮仓充实而监狱空虚，贤人进用而奸佞罢退。统治阶层崇尚公平正义而鄙视阿谀谄媚，士民阶层崇尚勇猛英武而鄙视妄取利益，庶民阶层喜欢农耕劳作而厌恶吃喝玩乐。于是，财用充足而日常生活富裕。国家一定是经济宽裕，赋税才会有所减免；百姓首先是乐于服从，然后才会没有怨恨。上下和谐，恪守礼仪，君主就能居处安定而行动威严，战则能胜而守不可摧，这样才会一战而匡正诸侯。不善于为政的人，田野荒芜而城邑贫困，朝廷惊乱而吏治混乱，公法废弛而邪道恣肆，粮仓空虚而监狱满员，贤人遭受斥退而奸臣横行当道，统治阶层阿谀谄媚而鄙视公平正义，士民阶层妄取利益而鄙视勇猛英武，庶民阶层吃喝玩乐而厌恶农耕劳作。于是，财用匮乏而日常生活困顿，君主更加残暴苛刻而无所减免，百姓更加固执凶顽而不肯服从，上下争夺较量而不和谐一致。所以君主居处不安而动无威严，作战不能取胜而防守也不坚固。于是轻者兵败地削，重者身死国亡。这样看来，君主为政不可不重视这些问题。

德有六兴，义有七体，礼有八经，法有五务，权有三度。

所谓六兴者何？曰:辟田畴，制坛宅[①]，修树艺，劝士民，勉稼穑，修墙屋，此谓厚其生。发伏利，输墆积[②]，修道途，便关市，慎将宿[③]，此谓输之以财。导水潦，利陂沟[④]，决潘渚[⑤]，溃泥滞，通郁闭，慎津梁，此谓遗之以利。薄征敛，轻征赋，弛刑罚，赦罪戾，宥小过，此谓宽其政。养长老，慈幼孤，恤鳏寡，问疾病，吊祸丧，此谓匡其急。衣冻寒，食饥渴，匡贫窭，振罢露[⑥]，资乏绝，此谓振其穷。

凡此六者，德之兴也。六者既布，则民之所欲无不得矣。夫民必得其所欲，然后听上；听上然后政可善为也。故曰：德不可不兴也。

注释

①坛：通“廛chán”，古代一夫之居为廛。

②坲zhì：通“滞”。

③将宿：送迎。

④陂：池塘。

⑤潘：洄流。渚：水中之地。

⑥振罢露：即赈疲露。振，通“赈”。罢，通“疲”。露，衰败。

译文

施德有六“兴”，施义有七“体”，施礼有八“经”，行法有五“务”，行权有三“度”。

所说的六“兴”是什么呢？回答是：开垦田地，建造住宅，研习种植的技艺，劝勉士民，鼓励耕作，修缮房屋，这叫作改善民生。开发潜在的财源，疏散滞积的财物，修筑道路，为关市贸易提供方便，谨慎对待客商往来，这叫作输送财物。疏浚积水，修治水沟，挖通洄流浅滩，清除淤积的泥沙，畅通河道，谨设桥梁，这叫作提供便利。薄收租税，轻征捐赋，缓施刑罚，赦免有罪，宽恕小过，这叫作宽缓其政。敬养老人，慈爱幼孤，抚恤无妻无夫的人，慰问生病的人，凭吊有丧亡的家人，这叫作救助危急。使寒冷的人有衣服穿，使饥渴的人有正常饮食，援助贫陋的家庭，赈济破败的人家，资助赤贫，这叫作救济贫困。以上六个方面，就是兴举德政的表现。六兴既已落实，人民心里想的，就都能够得到满足。人民心里想的都能得到满足，然后才会顺服听从君上；人民顺服听从君上，然后政事才能处理好。所以说，德政不可不施行。

宙　合

题解

宙，指古往今来；合，指四方上下。文章以“宙合”为名，意在表明：他所谈的道理上极于天，下察于地，考之往古，验之来今，推之四方，运之四时，无不包罗。作者虽没有明确地以“道”来指代宙合，但篇中所谈的内容多与道家思想相通。文章体例采用了先经后解的方式，即前面一段是经文，后面几段逐句对经文做出解释。本篇是选译。

“左操五音，右执五味”[①]，此言君臣之分也。君出令佚，故立于左。臣任力劳，故立于右。夫五音不同声而能调，此言君之所出令无妄也，而无所不顺，顺而令行政成。五味不同物而能和，此言臣之所任力无妄也，而无所不得，得而力务财多。故君出令，正其国而无齐其欲[②]，一其爱而无独与是。王施而无私，则海内来宾矣。臣任力，同其忠而无争其利，不失其事而无有其名。分敬而无妒[③]，则夫妇和勉矣，君失音则风律必流，流则乱败。臣离味则百姓不养，百姓不养则众散亡。君臣各能其分则国宁矣，故名之曰不德[④]。

注释

①五音：古代音乐中的五个音阶，指宫、商、角、徵、羽。五音协调，是为君之道。五味：指酸、辛、咸、苦、甘。五味协调，是为臣之道。

②齐：同“济”，满足。

③分敬：相互尊敬。

④不德：即大德。不，通“丕”，大。

译文

“左操五音，右执五味。”这是说君臣名分的。君主发号施令，是安逸的，所以位于左边。臣子分任事务，是操劳的，所以位于右边。宫、商、角、徵、羽五音不同声而能奏出和谐的乐曲，这是说君主颁发的法令都是有所根据的，所以执行起来事事顺畅。事事顺畅，法令就得到落实，为政就获得成功。酸、辛、咸、苦、甘五味不同质而能调出可口的味道，这是说臣子分任事务处处以法令为依据，所以事事皆有收获。事事皆有收获，则用力专而财货增多。所以，君主发号施令，是为了匡正国家而不是满足他的私欲，与民同爱而不是自行其是。君主广施恩德没有私心，全天下的人就会投奔宾服。臣子分任事务，同心同德而不抢夺私利，各司其职而不是猎取虚名。相互尊敬而不彼此嫉妒，男女百姓就会和睦相处。君主失去五音，韵律就不协调，韵律不协调，国家就会混乱衰败。臣子五味不调，百姓就得不到养育，百姓得不到养育，人民就会散离逃亡。君臣能够各自胜任自己的职位，国家就将平安无事。这称之为大德。

“春采生，秋采蓏，夏处阴，冬处阳。”此言圣人之动静、开阖、诎信、涅儒、取与之必因于时也[①]。时则动，不时则静。是以古之士有意而未可阳也[②]，故愁其治言[③]，含愁而藏之也。贤人之处乱世也，知道之不可行，则沉抑以辟罚[④]，静默以侔免[⑤]。辟之也，犹夏之就清，冬之就温焉。可以无及于寒暑之灾矣，非为畏死而不忠也。夫强言以为僇[⑥]，而功泽不加，进伤为人君严之义，退害为人臣者之生，其为不利弥甚。故退身不舍端[⑦]，修业不息版，以待清明。故微子不与于纣之难[⑧]，而封于宋，以为殷主。先祖不灭，后世不绝。故曰：大贤之德长。

注释

①涅儒：盈缩。涅，通“盈”。

②阳：宣扬，显现。

③愁：通“揫jiū”，收敛。

④辟：同“避”。

⑤侔：同“谋”。

⑥僇：通“戮”。

⑦端：古代上朝时，臣子奏事所用的笏板。

⑧微子：商纣王庶兄，名启。纣王残暴，微子多次上谏不听，遂离去。后来，周武王灭商，微子向周俯首称臣。武王把微子封于宋地，让他统率殷遗民，这是历史上宋国的开始。

译文

“春采生，秋采蓏，夏处阴，冬处阳。”这是说圣人的动静、开合、屈伸、盈缩、取与，一定要因时制宜。合于时宜则动，不合时宜则静。所以，古代的士人有大志却不宣扬，他们心藏其治世言论，暗中收敛而注意隐藏自己。贤能之人身处乱世。知道自己的主张不被采用，就潜伏起来以躲避处罚，静处沉默以谋求免祸。他们躲避灾祸，就像是面对夏天的火热而趋向清凉，面对冬天的严寒而趋向温热，因为这样可以免遭寒暑带来的灾难，这并不是贪生怕死没有忠心。硬要强行进谏招致杀身之祸，对百姓没有一点功德恩泽，往上说，是伤害了维护君主尊严的道理，往下说，是无谓地牺牲了人臣自己的生命，这对上对下都是极为不利的。因此，退朝时却不扔掉上朝时的笏板，解职还乡却不停止为国谋划，以此等待清明政治的到来。所以，微子不因为纣王之死而以身殉难，而是向周王朝称臣受封于宋地，成为殷遗民的首领。于是，先祖没有灭亡，后世也没有绝祀。所以说，大贤之人的恩泽是极为长远的。

“鸟飞准绳”[①]，此言大人之义也。夫鸟之飞也，必还山集谷。不还山则困，不集谷则死。山与谷之处也，不必正直。而还山集谷，曲则曲矣，而名绳焉。以为鸟起于北，意南而至于南，起于南，意北而至于北。苟大意得，不以小缺为伤。故圣人美而著之曰[②]：千里之路，不可扶以绳[③]。万家之都，不可平以准[④]。言大人之行，不必以先常，义立之谓贤。故为上者之论其下也，不可以失此术也。

注释

①绳：直。

②美而著之：称赞并记录于简册。

③扶以绳：用绳子取直。

④平以准：用同一个准具来取平。

译文

“鸟飞准绳”，这是说大人物的生活准则。鸟儿飞翔，一定会返回山林并聚集于沟谷。不返回山林就会困顿，不聚集沟谷就会死亡。山林与沟谷之地，不一定平正笔直。鸟一旦返回山林，聚集沟谷，其经过的路线固然曲折，但总的来说却是直的。鸟儿从北方起飞，想去南方就飞到南方；从南方起飞，想去北方就飞到北方。如果大的意向是正确的，可以不把小的曲折作为妨害。因此圣人称赞此事并记录于简册说：千里之遥的道路，不可以用绳墨来取直；万户之多的都邑，不可以用准具来取平。这是说大人的行动，不必拘泥于先例常规，只要符合道义，就叫作贤能。所以，在上的君主在考论其臣属时，不能丢掉这个原则。

枢　言

题解

枢言，也就是关键、重要的言论。枢，是门上的转轴，引申为事物的中心。文章运用哲理化的语言和类似格言的体式，阐述了许多有关治国治世、内政外交、为君为臣的重大问题。

管子曰：道之在天者，日也。其在人者，心也。故曰：有气则生，无气则死，生者以其气。有名则治[①]，无名则乱，治者以其名。

枢言曰：爱之[②]，利之，益之，安之，四者道之出。帝王者用之，而天下治矣。帝王者，审所先所后。先民与地则得矣，先贵与骄则失矣。是故先王慎所先所后。

注释

①名：名分。

②之：代指百姓。

译文

管子说：道在天上，就好像是太阳；道在人体，就好像是人心。所以说，有气则生，无气则死，生存依靠的是气。有名分则治，无名分则乱，治理国家依靠的是名分。

“枢言”指出：爱民、利民、益民、安民，这四者都是由道产生的。帝王运用它们，天下便得到治理。帝王能够分辨事物的先后次序。把人民与土地放在前面能够成功，把尊贵与骄奢放在前面就会失败。所以说，古代的帝王对于确定孰先孰后非常慎重。

人主不可以不慎贵[①]，不可以不慎民，不可以不慎富。慎贵在举贤，慎民在置官，慎富在务地。故人主之卑尊轻重在此三者，不可不慎。

国有宝，有器，有用。城郭、险阻、蓄藏，宝也。圣智，器也。珠玉，末用也[②]。先王重其宝器而轻其末用，故能为天下。

生而不死者二[③]，亡而不立者四：喜也者、怒也者、恶也者、欲也者，天下之败也，而贤者寡之。

为善者[④]，非善也，故善无以为也。故先王贵善。

王主积于民，霸主积于将战士，衰主积于贵人，亡主积于妇女珠玉。故先王慎其所积。

疾之，疾之，万物之师也[⑤]。为之，为之，万物之时也。强之，强之，万物之指也[⑥]。

注释

①慎贵：慎重对待尊贵。

②末用：最不重要的东西。

③二：指上文所说的气和名。

④为：通“伪”，伪装。

⑤师：众。

⑥指：同“旨”，意义。

译文

君主不能不慎重对待尊贵的问题，不能不慎重对待人民的问题，不能不慎重对待财富的问题。慎重对待尊贵的问题在于推举贤才，慎重对待人民的问题在于设置官吏，慎重对待财富的问题在于加强农业生产。

国家有宝、有器、有用。内城外郭、山川险阻、粮食储备，是国家的宝；圣明智慧，是国家的器；珠玉，是国家的末用。古代的圣王重视宝、器而轻视末用，所以能够治理天下。

生而不死的东西有两个，气和名。能亡国而不能立国的东西有四个，喜、怒、恶、欲，它们可以导致国家的灭亡，贤明的君主身上很少看到它们。

伪善，不是善。善，是无法伪装的，所以古代的圣王重视善。

成就王业的君主招徕人民，成就霸业的君主网罗将士，趋向衰败的君主扩充官僚贵族，趋向灭亡的君主搜敛妇女和珠玉。所以，古代的圣王对于聚积什么的问题非常重视。

赶快认识，赶快认识，万物实在太多；抓紧去做，抓紧去做，万物随时消逝；努力探索，努力探索，万物内涵精深。

凡国有三制，有制人者，有为人之所制者，有不能制人、人亦不能制者。何以知其然？德盛义尊，而不好加名于人。人众兵强，而不以其国造难生患。天下有大事，而好以其国后。如此者，制人者也。德不盛，义不尊，而好加名于人。人不众，兵不强，而好以其国造难生患。恃与国，幸名利。如此者，人之所制也。人进亦进，人退亦退，人劳亦劳，人佚亦佚，进退劳佚，与人相胥[①]。如此者，不能制人，人亦不能制也。

爱人甚而不能利也，憎人甚而不能害也。故先王贵当，贵周。周者，不出于口，不见于色，一龙一蛇，一日五化之谓周。故先王不以一过二[②]。先王不独举，不擅功。

先王不约束，不结纽[③]。约束则解，结纽则绝，故亲不在约束、结纽。先王不货交，不列地[④]，以为天下。天下不可改也，而可以鞭箠使也。

时也，义也，士为之也[5]。余目不明，余耳不聪，是以能继天子之容[6]。官职亦然。时者得天，义者得人。既时且义，故能得天与人。

先王不以勇猛为边竟则边竟安[7]，边竟安则邻国亲，邻国亲则举当矣。

注释

①胥：从。

②以一过二：把一说成超过二，即过分夸大之义。

③不约束，不结纽：不缠结成束，不系结成扣，指不与别国结成同党、缔结联盟。

④列地：割让土地。

⑤士：事。

⑥容：形容，指天子的圣德。

⑦竟：同“境”。

译文

国家之间有三种控制关系，或控制他国，或被他国控制，或不能控制他国，他国也不能控制自己。怎么知道是这样子呢？有的国家德义尊盛，却不喜欢把自己的意愿强加于他国；国家人口众多、兵力强盛，却不凭借本国的实力制造危难、引发祸乱；一旦天下有大的事变，喜欢让自己的国家步他国后尘。这样的国家，必然控制他国。有的国家德义不尊盛，却喜欢将自己的意愿强加于他国；人口不多、兵力不强盛，却喜欢让自己的国家成为危难祸乱的制造者；依仗同盟，心存侥幸猎取名利。这样的国家，必然被他国控制。他国前进，本国也前进，他国后退，本国也后退；他国劳作，本国也劳作，他国安逸，本国也安逸；前进、后退、劳作、安逸，与他国相从。这样的国家，不能控制他国，他国也不能控制自己。

非常喜欢一个人，也不能随便给他利益；非常憎恨一个人，也不能无故加害于他。所以古代圣王处事贵在得当，贵在周密。所谓周密，就是话不轻易说出口，情不贸然形于色，就像是龙和蛇，一天之内有五次变化，让人无从猜透。所以，古代先王不夸大其词，把一说成二；不独自蛮干，不独自占有功绩。

古代圣王不结成同党，不缔结联盟。同党总会分解，联盟总会断绝，所以关系亲密不在于结党、联盟。古代圣王也不用财货进行邦交、不用割让土地以示交好来治理天下。天下各国的格局虽不可改变，但可以用威势武力来统治驾驭。

合于天时，合于正义，这是必须去做的事情。其他的事情，眼睛不去看，耳朵不去听，以此来承继天子的圣德。官吏处理事情也应该这样。合于天时，是说得到天的帮助，合于正义，是说得到人的拥护。既合天时又合正义，这样就把天与人的力量都掌握了。

古代圣王是不用武力解决边境问题的，这样边境就会安定。边境安定，邻国相处就能和睦。邻国相处和睦，做起事情来就会适宜得当。

人故相憎也[①]，人之心悍，故为之法。法出于礼，礼出于名[②]。名、礼，道也。万物待名、礼而后定。

凡万物，阴阳两生而参视[③]。先王因其参而慎所入所出[④]。以卑为卑，卑不可得。以尊为尊，尊不可得。桀、舜是也。先王之所以最重也。

得之必生，失之必死者，何也？唯粟。得之，尧舜禹汤文武孝已，斯待以成。天下必待以生，故先王重之。一日不食比岁歉，三日不食比岁饥，五日不食比岁荒，七日不食无国土，十日不食无畴类[⑤]，尽死矣。

先王贵诚信。诚信者，天下之结也。贤大夫不恃宗，至士不恃外权。坦坦之利不以功[⑥]，坦坦之备不为用。故存国家，定社稷，在卒谋之间耳[⑦]。

圣人用其心，沌沌乎博而圜，豚豚乎莫得其门[⑧]，纷纷乎若乱丝，遂遂乎若有从治[⑨]。故曰，欲知者知之，欲利者利之，欲勇者勇之，欲贵者贵之。彼欲贵，我贵之，人谓我有礼。彼欲勇，我勇之，人谓我恭。彼欲利，我利之，人谓我仁。彼欲知，我知之，人谓我慜[⑩]。

注释

①故：通“固”，本来，固然。

②名：何如璋说：“名者，事物分别之名，道之出于实也。”

③参：同“叁”，三。

④所入所出：相当于上文的阴和阳，指事物相互矛盾的两个方面。

⑤畴：通“俦”，类。

⑥坦坦：平平，平常。

⑦卒：同“猝”，短暂，迅速。

⑧豚：通“遯dùn”，即遁。

⑨逡qūn逡：通“循循”，有次序的样子。

⑩慜mǐn：通“敏”，聪慧。

译文

人们本来是相互憎恶的，人心凶悍，所以制定出法令。法令出于礼，礼出于名分。名分、礼，都是道的体现。万物的关系要等到名分和礼出现后才能确定下来。

万物都是由阴阳相生而出现的第三位事物。古代圣王因此慎重地对待事物的正反两个方面。以卑下衡量卑下，就不知何者为卑下；以尊贵衡量尊贵，就不知何者为尊贵。桀、舜就是这样。这是古代圣王重视事物相生相成的原因。

得到了一定能生存，失去了一定会死亡的东西是什么呢？唯有粮食。得到它，唐尧、虞舜、夏禹、商汤、周文王、周武王、殷孝己才能获得成功。天下之人也必然是依赖它才可以生存，所以古代圣王重视它。断粮一天，相当于歉收之年；断粮三天，相当于饥年；断粮五天，相当于荒年；断粮七天，国土就保不住；断粮十天，人类就没有了，因为都饿死了。

古代圣王重视真诚信实。真诚信实，是天下各国能够聚集在一起的原因。贤良的大夫不依靠宗室门第，真正的士人不依靠他国的同党。取得了一点成绩不自以为功，面对一点财货不为其所用。所以，他们略作谋划，就可以使国家生存，使社稷安定。

圣人运用他的心智，混混沌沌的样子却博大而周密，隐隐约约的样子像是找不到他的门径，纷乱不堪的样子像是一团乱丝，又像是井然有序经过了一番梳理。想要求知的人，圣人就让他求知；想要求利的人，圣人就让他求利；想要追求勇武的人，圣人就让他追求勇武；想要追求地位的人，圣人就让他追求地位。他想追求地位，我就让他追求地位，别人会说我有礼；他想追求勇武，我就让他追求勇武，别人会说我恭敬；他想求利，我就让他求利，别人会说我仁爱；他想求知，我就让他求知，别人会说我聪慧。

戒之，戒之，微而异之[①]，动作必思之，无令人识之，卒来者必备之。

信之者，仁也。不可欺者，智也。既智且仁，是谓成人。

贱固事贵[②]，不肖固事贤。贵之所以能成其贵者，以其贵而事贱也。贤之所以能成其贤者，以其贤而事不肖也。恶者，美之充也[③]。卑者，尊之充也。贱者，贵之充也。故先王贵之。

天以时使，地以材使，人以德使，鬼神以祥使，禽兽以力使。所谓德者，先之之谓也。故德莫如先，应適莫如后[④]。

先王用一阴二阳者霸，尽以阳者王，以一阳二阴者削，尽以阴者亡。

量之不以少多，称之不以轻重，度之不以短长。不审此三者，不可举大事。

能戒乎？能敕乎[⑤]？能隐而伏乎？能而稷乎？能而麦乎？春不生而夏无得乎？

先王事以合交，德以合人。二者不合，则无成矣，无亲矣。

注释

①异：通“翼”，遮蔽。

②事：侍奉，服侍。

③充：通“统”，开始、基础的意思。

④適：通“敌”。

⑤敕：严谨，谨慎。

译文

防备，防备，暗中进行注意掩护自己，做事一定深思熟虑，不要让人察觉，对于突然的事件，一定早作准备。

讲求诚信，是仁义；不被欺骗，是智慧；既有智慧又讲仁义，这叫作完人。

卑贱的人本来就应侍奉尊贵的人，庸俗的人本来就应侍奉贤能的人。尊贵的人之所以能成就其尊贵，是因为他能够做到以其尊贵为贱者服务；贤能的人之所以能成就其贤能，是因为他能够做到以其贤能为庸俗者做事。粗恶是精美的根本，卑下是尊高的根本，低贱是高贵的根本。古代的圣王很重视这些。

天依靠时令发挥作用，地依靠物材发挥作用，人依靠德行发挥作用，鬼神依靠赐福发挥作用，禽兽依靠气力发挥作用。所谓德，就是在别人前面的意思。因而，行德最好是率先垂范，但是应敌打仗最好是后发制人。

古代的圣王占有一个不利条件两个有利条件可以成就霸业，完全占有有利条件可以成就王业，占有一个有利条件两个不利条件会削弱衰落，完全是不利条件就会导致灭亡。

不用多少计量，不用轻重称量，不用长短度量。不弄清计量、轻重、长短这三点的，不可以成就大事。

能够保持警惕吗？能够保持严谨吗？能够做到隐伏而不露锋芒吗？能够做到种谷得谷吗？能够做到种麦得麦吗？能够想到春天不生长，夏天就无收获吗？

古代圣王处理政事以聚合友情，积善行德以聚合人民。两者无所聚合的，将没有成就，没有亲近的人。

凡国之亡也，以其长者也。人之自失也，以其所长者也。故善游者死于梁池，善射者死于中野。

命属于食，治属于事。无善事而有善治者，自古及今，未尝之有也。

众胜寡，疾胜徐，勇胜怯，智胜愚，善胜恶，有义胜无义，有天道胜无天道。凡此七胜者贵众，用之终身者众矣。

人主好佚欲，亡其身失其国者[1]，殆。其德不足以怀其民者，殆。明其刑而残其士者，殆。诸侯假之威久而不知极已者，殆。身弥老不知敬其適子者[2]，殆。蓄藏积，陈朽腐，不以与人者，殆。

凡人之名三：有治也者，有耻也者，有事也者。事之名二：正之，察之。五者而[3]，天下治矣。名正则治，名倚则乱[4]，无名则死。故先王贵名。

先王取天下，远者以礼，近者以体[5]。体、礼者，所以取天下。远、近者，所以殊天下之际[⑥]。

日益之而患少者，唯忠。日损之而患多者，唯欲。多忠少欲，智也，为人臣者之广道也。为人臣者，非有功劳于国也，家富而国贫，为人臣者之大罪也。为人臣者，非有功劳于国也，爵尊而主卑，为人臣者之大罪也。无功劳于国而贵富者，其唯尚贤乎[⑦]？

注释

①亡：同“忘”。失：不理睬。

②适子：太子。

③而：郭沫若说：“‘而’读为能，能者善也。”

④倚：偏，不正。

⑤体：亲。

⑥殊：区分。

⑦唯：通“谁”。

译文

大凡国家的败亡，源自它的强势的一面；人的自身过错，也是源自他所擅长的东西。所以，擅长游泳的人常溺死水中，擅长射术的人常丧命郊野。

生命依靠食物，治理国家依靠实干。没有给人民带去实际的利益却享有善于治理国家声誉的，从古到今，从来没有过。

人多战胜人少，迅速战胜缓慢，勇敢战胜怯懦，智慧战胜愚昧，善良战胜邪恶，正义战胜非正义，天道战胜无天道。这七个取胜的方面贵在具备多个，如果能终身运用、持之以恒，自然就能达到这一点。

君主喜欢放荡纵欲，忘掉了自己的身份以致不理睬朝政，是很危险的；君主的德行不足以使他的人民受到感化，是很危险的；多用其刑罚来残害士人，是很危险的；诸侯假借自己的威势生存已经很久了，自己却不知道迅速制止，是很危险的；自己一天天地老下去，却不知道尊重太子，是很危险的；贮藏的财物堆积如山，囤积的物品腐朽变质，却不肯施与他人，是很危险的。

人的名分有三种情况：有统治者，有被统治者，有执事者。执事的名分有两种：有纠正于事前的，有察明于事后的。这五者都具备，天下就能得到治理。名分正则得治，名分不正则混乱，名分丧失则灭亡。所以古代圣王很注重名分。

古代的圣王谋取天下，对于远方的国家以礼，对于近处的国家以亲。亲、礼，是用来谋取天下的手段；远、近，是用天下各国边界所作的区分。

一天天多起来却担心依然太少的，是忠心；一天天减少却担心依然很多的，是欲望。多一点忠心，少一点欲望，是明智，这是一条身为人臣的宽广道路。作为人臣，对于国家没有贡献，却使自己富有而国家贫困，这是臣子最大的罪过。作为人臣，对于国家没有贡献，却使自己爵位尊贵而君主卑下，这也是臣子最大的罪过。对于国家没有贡献却能尊贵富有，这样谁还去推崇贤才呢？

众人之用其心也，爱者憎之始也，德者怨之本也。其事亲也，妻子具，则孝衰矣。其事君也，有好业，家室富足，则行衰矣。爵禄满，则忠衰矣。唯贤者不然。故先王不满也[①]。人主操逆，人臣操顺。

先王重荣辱，荣辱在为。天下无私爱也，无私憎也，为善者有福，为不善者有祸。祸福在为，故先王重为。明赏不费，明刑不暴。赏罚明，则德之至者也。故先王贵明。

天道大而帝王者用，爱爱恶恶，天下可秘[②]，爱恶重，闭必固。

釜鼓满则人概之[③]，人满则天概之，故先王不满也。

先王之书，心之敬执也[④]，而众人不知也。故有事，事也[⑤]，毋事，亦事也。吾畏事不欲为事，吾畏言不欲为言，故行年六十而老吃也。

注释

①满：使满足。

②秘：通“闭”，控制，掌握。

③釜鼓：古代的量具。概：用以刮平斗、斛、釜、鼓的工具。这里指刮平、削平。

④执：爱。

⑤事：这里指读先王之书。

译文

一般人的心理活动：喜爱是憎恶的开始，恩德是怨恨的起点。他们侍奉父母双亲，有了妻子儿女，孝心就衰减了；他们侍奉国君，有了产业，家室富足，德行就衰退了；爵位高、俸禄足，对于国君的忠心就衰落了。只有少数贤人不是这样。所以，古代圣王总是不让他们的爵位、俸禄到达顶点。君主执行有悖于常理的政策，人臣反而会顺着常理努力做事。

古代圣王看重荣辱，而荣辱的取得在于所作所为。天地之间没有私爱，没有私恨。做善事的人有福，做恶事的人有祸。是福是祸在于个人的行为，所以古代圣王重视实际行动。公开行赏，不会造成浪费；公开处罚，不会引起暴虐。赏罚公开，是君主之德的最高表现。所以古代圣王重视为政公开。

天道博大，帝王却能熟练运用它。他们爱护善良，憎恶邪恶，于是天下可以掌控。他们慎重地对待所爱所恶，因而掌控起来也必然牢固。

古代圣王的书，我内心是敬爱的，不过，一般的人并不知道。有事的时候，我读圣王的书；没事的时候，我也读圣王的书。我怕事，不想去做事；我怕说话，不想发表言论。所以，年到六十依然口齿不灵活啊。

八　观

题解

本篇认为，国家的存在状态有八种不同的表现，分别是饥饱、贫富、侈俭、实虚、治乱、强弱、兴灭、存亡。对一个国家进行一番调查分析，就可以确定它属于哪一种类型。文章中，作者把不同国家的表现特征一一作了详述。本篇选译其中的“饥饱之国”“治乱之国”两段。

行其田野，视其耕芸，计其农事，而饥饱之国可以知也。其耕之不深，芸之不谨，地宜不任，草田多秽。耕者不必肥，荒者不必硗，以人猥计其野①，草田多而辟田少者，虽不水旱，饥国之野也。若是而民寡，则不足以守其地。若是而民众，则国贫民饥。以此遇水旱，则众散而不收。彼民不足以守者，其城不固。民饥者，不可以使战。众散而不收，则国为丘墟。故曰：有地君国而不务耕芸，寄生之君也。故曰：行其田野，视其耕芸，计其农事，而饥饱之国可知也。

注释

①猥计：累计，计算。

译文

观察一个国家的田野，看看它的耕耘情况，估计一下农业生产，就能知道这个国家的饥饱状况。它的耕作不够深，锄草不仔细，地利得不到充分发挥，田野杂草丛生，一片荒芜。已耕作的土地不一定是肥沃的，荒芜了的土地不一定是贫瘠的。按人口计算土地的数量，荒田多而耕田少，即便没有水灾旱灾，它也一定是饥国的田野。像这样的国家，人口少则不能守护其国土，人口多则国家贫困人民吃不饱。如果遇上水灾旱灾，人民就会四散逃离而难以召回。人民没有足够的力量守护国土，城防就不坚固；人民吃不饱，就不能参加战争；人民逃离难以召回，国家将变为一片废墟。因此，拥有土地统治国家却不努力于农业生产，这是寄生之君。所以，观察一个国家的田野，看看它的耕耘情况，估计一下农业生产，就能知道这个国家的饥饱状况。

入州里，观习俗，听民之所以化其上，而治乱之国可知也。州里不鬲[①]，闾闬不设，出入毋时，早晏不禁，则攘夺窃盗，攻击残贼之民，毋自胜矣[②]。食谷水，巷凿井，场圃接，树木茂，宫墙毁坏，门户不闭，外内交通，则男女之别，毋自正矣。乡毋长游[③]，里毋士舍[④]，时无会同[⑤]，丧烝不聚[⑥]，禁罚不严，则齿长辑睦，毋自生矣。故昏礼不谨[⑦]，则民不修廉。论贤不乡举，则士不及行。货财行于国，则法令毁于官。请谒得于上，则党与成于下。乡官毋法制，百姓群徒不从。此亡国弑君之所自生也。故曰：入州里，观习俗，听民之所以化其上者，而治乱之国可知也。

注释

①鬲gé：同“隔”。

②自：从，由。

③长游：伍长、什长及游宗，均是乡里的官吏。

④士舍：乡里的学堂。

⑤会同：聚会。

⑥烝zhēng：祭祀名。《尔雅·释天》：“冬祭曰烝。”

⑦昏：同“婚”。

译文

进入一个国家的州、里，观察它的风俗习惯，了解一下它的百姓是怎样接受上面教化的，就能知道这个国家的治乱情况。州、里之间没有间隔，里门没有安置，人们进进出出没有定时，早晚没有期限，那么抢劫、盗窃、打架、暴乱之类的不法分子就无从管制了。同饮一条山谷的水，同在一条巷子里凿井，场院菜园相连，树木茂密，院墙毁坏，门户不关闭，内外相通，那么男女之间的界限就无从规正了。乡不设官吏，里不盖学堂，集会不按时，丧葬和祭祀也不相聚，禁令刑罚不严格，长幼和睦的风气就无从产生。所以，婚礼不严肃，百姓就不注重廉耻；选用贤人不经过乡里举荐，士人就不顾及品行；货财贿赂流行于全国，法令就会被官吏毁掉；请托拜谒之风在上层泛滥，结党营私就会在下面发展；乡官不依法办事，百姓就不服从管理。这是亡国弑君现象发生的原因。所以说，进入一个国家的州、里，观察它的风俗习惯，了解一下它的百姓是怎样接受上面教化的，就能知道这个国家的治乱情况。

法　禁

题解

法禁，制定并推行法制，禁止危及君主、国家政权的种种言行。本篇是《管子》论述法治思想的代表作之一。本篇是选译。

法制不议，则民不相私。刑杀毋赦，则民不偷于为善[①]。爵禄毋假[②]，则下不乱其上。三者藏于官则为法，施于国则成俗，其余不强而治矣[③]。

君一置其仪[④]，则百官守其法。上明陈其制，则下皆会其度矣[⑤]。君之置其仪也不一，则下之倍法而立私理者必多矣。是以人用其私，废上之制而道其所闻。故下与官列法[⑥]，而上与君分威。国家之危必自此始矣。

昔者圣王之治其民也不然，废上之法制者，必负以耻。厚财博惠以私亲于民者，正经而自正矣。圣王既殁，受之者衰。君人而不能知立君之道[⑦]，以为国本，则大臣之赘下而射人心者必多矣[⑧]。君不能审立其法以为下制，则百姓之立私理而径于利者必众矣。

注释

①偷：苟且。

②假：给予，借于他人。

③强：勉强，费力。

④一：统一。

⑤会：合。

⑥列：通“裂”，分裂。

⑦君：治理。

⑧赘：通“缀”，连缀，连属。射：猎取，收买。

译文

法制不允许私下议论，百姓就不敢相互营私舞弊；刑杀处罚从不赦免，百姓就不敢苟且应付勉强行善；封爵授禄的大权不轻易借给别人，臣下就不敢犯上作乱。这三个方面由官府掌握就是法，在全国推行就成为习俗，其他事情不用费力就可以治理好了。

国君立法上下统一，百官就都能守法；君主颁布法令公正公开，臣民的行为就都符合法度。国君制定法度不统一，臣民就会违背法令，自行私下议论的人必然会多起来。于是，人人各自用其私心，废弃国君的法制而宣传自己的主张。在下面与官府争议法制，在上面与国君争权夺利。国家的危险必然从这里开始。

古代圣明的君王治理人民不是这样，他们对于那些不执行国家法制的人，一定使他蒙受耻辱。这样，用大量钱财和博施恩惠来收揽人心的人，随着法制的端正自然会纠正过来。现在，圣明的君王已经不在了，后继的人自此衰落。他们统治人民却不懂得为君之道，也不懂得把它作为立国的根本，于是，大臣拉拢属下收买人心的比比皆是。国君不能审立其法制作为下面遵守的规范，百姓借助私议来角逐利益的人一定很多。

昔者圣王之治人也，不贵其人博学也，欲其人之和同以听令也[①]。《泰誓》曰："纣有臣亿万人，亦有亿万之心，武王有臣三千而一心。"故纣以亿万之心亡，武王以一心存。故有国之君，苟不能同人心，一国威，齐士义，通上之治以为下法[②]，则虽有广地众民，犹不能以为安也。君失其道，则大臣比权重以相举于国[③]，小臣必循利以相就也[④]。故举国士以为己党，行公道以为私惠。进则相推于君[⑤]，退则相誉于民，各便其身而忘社稷。以广其居[⑥]，聚徒成群。上以蔽君，下以索民。此皆弱君乱国之道也，故国之危也。

注释

①和同：协调一致。

②通：贯彻。

③比：比附，勾结。

④就：靠近。

⑤相推：相互推举。

⑥居：这里指势力范围。

译文

古代圣明的君王治理人民，不看重人民的博学多才，只是希望他们能够步调一致地听从君主的命令。《泰誓》说："纣王有臣亿万人，也有亿万条心；周武王有臣民三千人，却只有一条心。"纣王因有亿万条心而灭亡，武王因有一条心而昌盛。所以，一国之君如不能协同人心，统一国威，齐一士人的意志，把上面制定的法制贯彻到下面作为行为规范，那么即使有广阔的土地，众多的臣民，仍然不能认为国家是安全的。君主失去了法治这个治国的原则，大臣就会勾结有权势的人在国中互相吹捧，小臣们也必然为追求私利而彼此勾结。所以，他们推举国内士人作为自己的私党，借用公法谋取自己的私利；在朝廷，他们向国君互相举荐，在民间，他们向百姓互相赞誉；各自贪图自身的便利而忘掉了国家。他们借此扩大自己的势力范围，拉帮结派，对上蒙蔽国君，对下勒索百姓。这些都是削弱君主、扰乱国家的行为，如果这样，国家就危险了。

法　法

题解

法法的含义，相当于现在的有法可依，有法必依，执法必严，违法必究。不过，《管子》中谈到的法，是治理国家的原则、制度及具体的法令措施，不是现代意义上专门的刑法、民法等法律。本篇对立法的重要性、执法的原则方法等进行了较详细的论述。本篇是选译。

不法法则事毋常①，法不法则令不行。令而不行，则令不法也。法而不行，则修令者不审也。审而不行，则赏罚轻也。重而不行，则赏罚不信也。信而不行，则不以身先之也。故曰：禁胜于身②，则令行于民矣。

注释

①法：这一段的法字特别多，应按照具体的语境理解它的意义。

②胜：约束。

译文

不以法的精神执行法令，做起事来就没有常规；有了法令，却不把它当作法看待，法令就得不到有效执行。

法令得不到有效执行，则法令不可称之为法。有了法令却得不到执行，是因为制定法的人不够审慎周密。法周密了仍不能执行，是因为赏罚太轻。赏罚重了仍不能执行，是因为赏罚不够信实。赏罚信实了仍不能执行，是因为君主没有以身作则。所以说：君主若能够以法令约束自身，法令就可以在民众中贯彻执行。

闻贤而不举，殆[①]。闻善而不索[②]，殆。见能而不使，殆。亲人而不固，殆。同谋而离，殆。危人而不能，殆。废人而复起，殆。可而不为，殆。足而不施[③]，殆。几而不密[④]，殆。人主不周密，则正言直行之士危。正言直行之士危，则人主孤而毋内[⑤]。人主孤而毋内，则人臣党而成群。使人主孤而毋内，人臣党而成群者，此非人臣之罪也，人主之过也。

注释

①殆：危险，失败。
②索：寻找。
③施：施舍。
④几：隐微，隐藏。
⑤内：亲信。

译文

知道有贤才而不举用，危险；听说有德行之事而不去调查，危险；发现能干的人而不任用，危险；团结别人而不长久，危险；共同谋事而不同心，危险；想处罚他人而做不到，危险；罢免官员而再次任用，危险；本来可以做而不去做，危险；国库充足而不施舍，危险；机要的事而不能保密，危险。君主做事不周密审慎，正言直行的人就危险；正言直行的人危险，君主就会孤立没有亲信；君主孤立没有亲信，臣子就会结党成群。如果出现君主孤立没有亲信，臣子结党营私的现象，这不是臣子的责任，而是君主自身的过错。

民毋重罪，过不大也；民毋大过，上毋赦也。上赦小过，则民多重罪，积之所生也。故曰：赦出则民不敬[①]，惠行则过日益。惠赦加于民，而囹圄虽实[②]，杀戮虽繁，奸不胜矣[③]。故曰：邪莫如蚤禁之。赦过遗善，则民不励。有过不赦，有善不遗，励民之道，于此乎用之矣。故曰：明君者，事断者也。

注释

①敬：通“儆”，儆惧。

②囹圄：监牢。

③胜：尽。

译文

人民没有重罪，是因为过失不大；人民没有大的过失，是因为君主不施行赦免。君主赦免小的过失，人民犯重罪的就多，这是由于小过逐渐积累而成的缘故。所以说，赦免之令一出，人民就不会儆惧；恩惠之举实行，人民的过失就会日益增多。恩惠和赦免一旦作为政策贯彻于民，则监牢虽满，杀戮虽多，奸邪之事也不能杜绝。所以说，奸邪之事莫过于早日禁止。赦免过失遗漏善行，人民就得不到勉励；有过失不赦免，有善行不遗漏，勉励人民的政策在这时才能发挥作用。所以说：英明的君主，就是能果断处理恩惠和赦免的人。

君有三欲于民，三欲不节，则上位危。三欲者何也？一曰求，二曰禁，三曰令。求必欲得，禁必欲止，令必欲行。求多者其得寡，禁多者其止寡，令多者其行寡。求而不得则威日损，禁而不止则刑罚侮，令而不行则下凌上。故未有能多求而多得者也，未有能多禁而多止者也，未有能多令而多行者也。故曰：上苛则下不听，下不听而强以刑罚，则为人上者众谋矣。为人上而众谋之，虽欲毋危，不可得也。

号令已出又易之，礼义已行又止之，度量已制又迁之[①]，刑法已错又移之[②]。如是，则庆赏虽重，民不劝也，杀戮虽繁，民不畏也。故曰：上无固植[③]，下有疑心，国无常经，民力必竭，数也[④]。

注释

①迁：变更。

②错：通“措”，确定，设置。

③植：通“志”，意志。

④数：自然规律，必然之理。

译文

君主对于人民有三种欲望，三种欲望不节制，君主的地位就危险了。三种欲望是什么呢？一是索取；二是禁止；三是命令。索取的东西一定希望得到，禁止的东西一定希望制止，命令的东西一定希望实行。但是索取太多，实际得到的反而少；禁令太多，实际制止的反而少；命令太多，实际推行的反而少。想索取的得不到，威势就会日益降低；想禁止的得不到制止，刑罚就会被轻视；下命令得不到实行，臣下就会欺凌君上。所以说，从来没有想多索取就能多得到，想多禁止就能多制止，想多命令就能多实行的。因而，上面过于苛刻，下面就不听从；下面不听从而用刑罚来强迫，做君主的就将被众人谋算了。作为君上，被众人谋算，即使想没有危险，也是不可能的。

号令已发出又改变，礼义已施行又废止，度量已确定又变更，刑法已制定又改变。如果这样，赏赐即使厚重，人民也得不到勉励；杀戮即使再多，人民也不会畏惧。所以说：上面没有坚定的意志，下面就有疑心，国家没有常法，民力就会枯竭。这是必然的道理。

明君在上位，民毋敢立私议自贵者，国毋怪严[①]，毋杂俗，毋异礼，士毋私议。倨傲易令，错仪画制[②]，作议者尽诛。故强者折，锐者挫，坚者破。引之以绳墨，绳之以诛僇[③]。故万民之心皆服而从上，推之而往，引之而来。彼下有立其私议自贵、分争而退者，则令自此不行矣。故曰：私议立则主道卑矣[④]。况夫倨傲易令，错仪画制，变易风俗，诡服殊说犹立。上不行君令，下不合于乡里，变更自为，易国之成俗者，命之曰不牧之民。不牧之民，绳之外也，绳之外诛。

使贤者食于能，斗士食于功。贤者食于能则上尊而民从，斗士食于功则卒轻患而傲敌。上尊而民从，卒轻患而傲敌，二者设于国，则天下治而主安矣。

注释

①怪严：怪诞。严，通“諴hàn”，诞。

②错：通“措”，设立。

③僇lù：通“戮”，诛杀。

④主道：君主治国之道。

译文

英明的君主在上，人民不敢私立异说而妄自尊大，国家没有怪诞之事，没有杂乱的风俗，没有怪异的礼节，士人也不敢私立异说。对于傲慢不恭，更改法令，私立法令，制造异说的都要诛罚。因而强硬的将屈服，尖刻的将受挫，顽固的也将被攻破。用法来引导，用杀戮来管制，人民就会顺服且唯上是听。于是，挥之即去，招之即来。如果下面有私立异说、妄自尊大、纷乱争斗而不负责任的，那么法令从此就得不到执行了。所以说，私立异说得逞，君主治国之道就会被轻视，何况还有傲慢不恭、更改法令、私立法度、变易风俗、奇装异服、奇谈怪论存在呢！在上不执行君主的命令，在下不合乡里的习俗，更易法令自以为是，改变国家风俗习惯，这样的人，称之为不服从管理的人。不服从管理的人，逍遥于法治之外。逍遥于法治之外，就要对他们诛杀。

使贤才依靠能力谋生，使武士依靠战功谋生。贤才依靠能力谋生，君主就有尊严且人民顺从；武士依靠战功谋生，他们就不怕危难且傲视敌人。君主有尊严且人民服从，武士不怕危难且傲视敌人，一个国家具备了这两个条件，天下就能治理好，君主就可高枕无忧了。

凡赦者，小利而大害者也，故久而不胜其祸。毋赦者，小害而大利者也，故久而不胜其福。故赦者奔马之委辔[1]，毋赦者痤雎之砭石也[2]。

爵不尊禄不重者，不与图难犯危，以其道为未可以求之也。是故先王制轩冕所以著贵贱，不求其美。设爵禄所以守其服[3]，不求其观也。使君子食于道，小人食于力。君子食于道则上尊而民顺，小人食于力则财厚而养足。上尊而民顺，财厚而养足，四者备体，则胥时而王不难矣[4]。

文有三侑[5]，武毋一赦。惠者，多赦者也，先易而后难，久而不胜其祸。法者，先难而后易，久而不胜其福。故惠者，民之仇雠也。法者，民之父母也。太上以制制度[6]，其次失而能追之，虽有过，亦不甚矣。

注释

①委：抛弃，丢弃。

②痤cuó雎之砭biān石：医治痈疮的尖石或石片。痤雎，即痈疮。雎，同“疽jū”。砭石，古代用来治痤疽、除脓血的石针。

③守其服：保持其待遇。服，指车马、衣服、器具等和爵禄相配的待遇。

④胥：等待。

⑤侑：通“宥”，宽容，宽恕。

⑥太上：最上，最高。

译文

赦免，利小而弊大，长此以往祸害无穷。不赦免，弊小而利大，长此以往受益无穷。所以，赦免就好像驾驭奔马却丢弃了缰绳；不赦免就好像手持针石治疗毒疮。

爵位不高、俸禄不多的人，没有人与他共赴危难，因为按照他的办法去做，得不到自己想要的东西。所以，先王规定轩冕是用来区别贵贱等级的，而不是追求华美；设立爵位俸禄是用来保持各类待遇的，而不是做给别人看。要使君子依靠治国之道的才能来谋生，使百姓依靠付出体力劳动来谋生。君子依靠治国之道的才能来谋生，君主就有尊严且人民顺从；百姓依靠付出体力劳动来谋生，国家就会财物丰厚且给养充足。君主有尊严且人民顺从，财物丰厚且给养充足，这四个条件都具备了，那么等待时机成就王业就不难了。

对文人可以有三次宽恕，对武将一次也不能赦免。所谓给予恩惠，就是多次赦免，开始的时候较易实施，越到后来越难以执行，长此以往祸害无穷。依法办事，开始的时候感到困难，越到后来越容易，长此以往，受益无穷。所以说，施行恩惠赦免，是人民的仇敌；依法办事，是人民的父母。最上等的管理办法，是用法治规范人民的行为，其次是出现过错及时补救，这样即使有过错，也不至于太严重。

令未布而民或为之，而赏从之，则是上妄予也。上妄予则功臣怨，功臣怨而愚民操事于妄作，愚民操事于妄作则大乱之本也。令未布而罚及之，则是上妄诛也。上妄诛则民轻生，民轻生则暴人兴、曹党起而乱贼作矣[①]。令已布而赏不从，则是使民不劝勉，不行制，不死节[②]。民不劝勉，不行制，不死节，则战不胜而守不固。战不胜而守不固，则国不安矣。令已布而罚不及，则是教民不听。民不听则强者立，强者立则主位危矣。故曰：宪律制度必法道[③]，号令必著明，赏罚必信，此正民之经也。

注释

①曹：群。

②死节：为国牺牲。

③法道：符合治国的原则。

译文

法令还没有颁布，有的人却已经去做了，这时如果给予赏赐，就是君主乱施奖赏。君主乱施奖赏，功臣就会抱怨；功臣抱怨，愚民就会胡作非为；愚民胡作非为，这是国家大乱的根源。法令还没有颁布，却已经开始惩处，这是君主乱施刑罚。君主乱施刑罚，人民就会轻生；人民轻生，残暴的人就会大量出现，就会群党林立。于是，胡作非为的人就起来闹事了。法令已经颁布，而不能依法执行奖赏，这将使人民得不到勉励、不执行法令、不为国捐躯。人民得不到勉励、不执行法令、不为国捐躯，将导致作战不能取胜而防守不能坚固；作战不能取胜、防守不能坚固，国家也就不安全了。法令已经颁布，而不能依法执行刑罚，这是引诱人民不听从法令。人民不听从法令，强势的人就会借以立足；强势的人一旦立足，君主的地位就危险了。所以说，法律制度一定要符合治国的原则，号令一定要严明，赏罚一定要信实，这是治理人民的准则。

凡大国之君尊，小国之君卑。大国之君所以尊者，何也？曰：为之用者众也。小国之君所以卑者，何也？曰：为之用者寡也。然则为之用者众则尊，为之用者寡则卑，则人主安能不欲民之众为己用也。使民众为己用，奈何？曰：法立令行，则民之用者众矣。法不立，令不行，则民之用者寡矣。故法之所立、令之所行者多，而所废者寡，则民不诽议[①]，民不诽议则听从矣。法之所立、令之所行与其所废者钧[②]，则国毋常经，国毋常经则民妄行矣。法之所立、令之所行者寡，而所废者多，则民不听，民不听则暴人起而奸邪作矣。

注释

①诽议：责难，非议。

②钧：通“均”，均等。

译文

一般而言，大国君主的地位尊贵，小国君主的地位卑贱。大国君主的地位之所以尊贵，是什么原因呢？回答是：供他使用的人多。小国君主的地位之所以卑贱，是什么原因呢？回答是：供他使用的人少。既然供他使用的人多地位就尊贵，供他使用的人少地位就卑贱，一国之君又怎能不希望更多的民众被他自己所用呢？要使民众被自己所用，该怎么办？回答是：制定并施行法令，民众被自己所用的就多；法令没有制定且没有施行，民众被自己使用的就少。所以说，法令制定、施行的多而废置的少，民众就不非议；民众不非议就会俯首听从。法令制定、施行的与所废置的均等，国家就没有惯常的法令；国家没有惯常的法令，民众就会胡作非为。法令制定、施行的少而废置的多，民众就不听从法令的要求；民众不听从法令的要求，暴徒就会出现，邪恶就会兴起。

计上之所以爱民者，为用之爱之也。为爱民之故，不难毁法亏令，则是失所谓爱民矣。夫以爱民用民，则民之不用明矣。夫善用民者，杀之危之，劳之苦之，饥之渴之，用民者将致之此极也，而民毋可与虑害己者。明王在上，道法行于国，民皆舍所好而行所恶。故善用民者，轩冕不下拟①，而斧钺不上因②。如是，则贤者劝而暴人止。贤者劝而暴人止，则功名立其后矣。蹈白刃，受矢石，入水火，以听上令。上令尽行，禁尽止，引而使之，民不敢转其力。推而战之，民不敢爱其死。不敢转其力，然后有功，不敢爱其死，然后无敌。进无敌，退有功，是以三军之众皆得保其首领，父母妻子完安于内。故民未尝可与虑始，而可与乐成功。是故仁者、知者、有道者，不与人虑始。

注释

①下拟：向减少的方向考虑。

②上因：向增加的方向考虑。

译文

考察君主爱民的原因，是因为要使用他们才爱他们。为了爱民，不惜损法伤令，这就失去了爱民的意义。如果用爱民的方式使用人民，人民不被使用是很明显的。善于使用人民的君主，总是对他们施以刑罚、置以危急，劳其体肤、苦其心志，让他们饱尝饥渴的滋味。使用人民，就是让他们经历这种极端境遇的考验，而不让他们感觉到这是对他们的伤害。圣明的君主在上，法令通行于全国，人民都将舍弃个人喜好的私欲，例行所厌恶的公务。所以，善于使用人民的，赏赐不任意折扣，刑罚不任意增加。这样，贤能之士就得到勉励而残暴之徒就受到制止。贤能之士得到勉励而残暴之徒受到制止，功业和名声将随后建立。人民会脚踩利刃、冒着矢石、赴汤蹈火来执行君主的法令。君主的法令都施行了，该禁止的都制止了，召引并使用他们，人民不敢转移力量；推向前线使他们参加战斗，人民不敢吝惜生命。不敢转移力量，之后才可以立功；不敢吝惜生命，之后才可以无敌。进攻无敌，退守有功，于是三军的将士就能够保全自己的性命，他们的父母妻子也可以在国内完好安居。所以说，不需要与人民商量事业如何开创，但是可以同他们一起分享事业的成功。因此，有仁爱之心的人，有智慧的人，懂得治国之术的人，是不会与人民商量事业如何开创的。

凡人君之所以为君者，势也。故人君失势，则臣制之矣。势在下，则君制于臣矣。势在上，则臣制于君矣。故君臣之易位，势在下也。在臣期年[①]，臣虽不忠，君不能夺也。在子期年，子虽不孝，父不能服也。故《春秋》之记[②]，臣有弑其君、子有弑其父者矣[③]。故曰：堂上远于百里，堂下远于千里，门庭远于万里。今步者一日[④]，百里之情通矣，堂上有事，十日而君不闻，此所谓远于百里也。步者十日，千里之情通矣，堂下有事，一月而君不闻，此所谓远于千里也。步者百日，万里之情通矣，门庭有事[⑤]，期年而君不闻，此所谓远于万里也。故请入而不出谓之灭[⑥]，出而不入谓之绝，入而不至谓之侵，出而道止谓之壅，灭绝侵壅之君者，非杜其门而守其户也，为政之有所不行也。故曰：令重于宝，社稷先于亲戚，法重于民，威权贵于爵禄。故不为重宝轻号令，不为亲戚后社稷，不为爱民枉法律，不为爵禄分威权。故曰：势非所以予人也。

注释

①期年：一整年。

②春秋：古代对史书的泛称。

③弑：古代下杀上，称为弑。

④步者一日：步行者走一天。

⑤门庭：宫廷。

⑥请：通“情”，国情，信息。

译文

人君之所以成为人君，是因为他有权势。人君失去了权势，臣下就控制人君了。权势在下面，君主就被臣下控制；权势在上面，臣下就被君主控制。如果君臣出现易位现象，那是因为权势转移到了下面。权势在大臣手中一年，即使臣下不忠，君主也不能夺取他的权力；权势在儿子手中一年，即使儿子不孝，父亲也不能使他顺从。于是史书上记载，有臣下杀死君主的，有儿子杀死父亲的。所以说，堂上可以比百里还远，堂下可以比千里还远，门庭可以比万里还远。现在，有人步行一天，一百里之内的情况就知道了，而堂上有事，过了十天君主还不知道，这就叫比百里还远；有人步行十天，一千里之内的情况就知道了，而堂下有事，过了一个月君主还不知道，这就叫比一千里还远；有人步行一百天，一万里之内的情况就知道了，而门庭有事，过了一年君主还不知道，这就叫比一万里还远。所以，情况通报上去而上面没有反应，叫作灭；法令下达而下面没有反应，叫作绝；情况通报上去而不能到达君主那里，叫作侵；法令下达而中途却停止了，叫作壅。有了灭、绝、侵、壅现象的国君，并不是有人封闭了他的门户，而是法令不能推行的缘故。所以说，法令比珍宝重要，国家比至亲优先，法令比人民重要，威权比爵禄贵重。因而，不能为了贵重的珍宝看轻法令，不能为了至亲把国家放在后面，不能为了爱民歪曲法律，不能为了爵禄而分散威权。所以说，权势是不能用来给予他人的。

规矩者[①]，方圜之正也[②]。虽有巧目利手，不如拙规矩之正方圜也。故巧者能生规矩，不能废规矩而正方圜。虽圣人能生法，不能废法而治国。故虽有明智高行，倍法而治，是废规矩而正方圜也。

注释

①规矩：圆规和矩尺。

②圜yuán：通“圆”。

译文

圆规和矩尺，是用来矫正方圆的。即使有巧目利手，也不如笨拙的规矩能矫正方圆。灵巧的人可以制作规矩，但不能废弃规矩来矫正方圆。圣人能制定法令，但不能废弃法令去治理国家。所以，即使有聪明智慧、高尚德行，如果违反法令去治理国家，也就等于是废弃了规矩却想校正方圆。

凡民从上也，不从口之所言，从情之所好者也。上好勇则民轻死，上好仁则民轻财。故上之所好，民必甚焉。是故明君知民之必以上为心也，故置法以自治，立仪以自正也。故上不行则民不从。民不服法死制，则国必乱矣。是以有道之君，行法修制，先民服也[1]。

注释

①先民：先于百姓。

译文

大凡人民追随君主，不是追随君主所说的话，而是追随君主性情所喜好的东西。君主喜好勇敢，人民就轻视死亡；君主喜好仁义，人民就轻视财货。所以君主有什么喜好，百姓就会加倍地喜好。贤明的君主知道人民一定是以自己的所作所为作为他们内心的标准，于是就制定法令来约束自己，确立礼仪来矫正自己。所以说，上面不以身作则，人民就不服从。人民不服从法令，不肯为守制而死，国家就一定混乱。因此，深谙治国之术的国君，总是推行法令、修订制度，并且先于人民躬行实践。

兵　法

题解

兵法，即治兵、用兵之法。本篇属典型的兵家言论，内容涉及用兵的目的、战争胜负的可能原因、战略战术的训练及实战分析等。

明一者皇[①]，察道者帝，通德者王，谋得兵胜者霸。故夫兵，虽非备道至德也，然而所以辅王成霸。今代之用兵者不然，不知兵权者也[②]。故举兵之日而境内贫，战不必胜，胜则多死，得地而国败。此四者，用兵之祸者也。四祸其国而无不危矣。《大度》之书曰[③]：举兵之日而境内不贫，战而必胜，胜而不死，得地而国不败，为此四者若何？举兵之日而境内不贫者，计数得也[④]。战而必胜者，法度审也。胜而不死者，教器备利[⑤]，而敌不敢校也[⑥]。得地而国不败者，因其民也。因其民则号制有发也[⑦]，教器备利则有制也，法度审则有守也，计数得则有明也。治众有数[⑧]，胜敌有理。察数而知理，审器而识胜，明理而胜敌。定宗庙，遂男女[⑨]，官四分[⑩]，则可以定威德。制法仪，出号令，然后可以一众治民。

注释

①明一：懂得万物根源。一，古人认为万事万物产生于一。

②兵权：用兵得失的权衡。

③大度：疑是书名。

④计数：计算、筹划。

⑤教器备利：即教备器利。指训练有素、武器精良。

⑥校：抵抗，对抗。

⑦发：即法。

⑧数：通"术"，方法。

⑨遂：养育。

⑩官四分：士、农、工、商分别设置管理机构。

译文

明白万物根本的，可以为皇；明察治世之道的，可以为帝；通晓以德治国的，可以为王；懂得用兵之道的，可以为霸。所以，战争虽不是完备的道、至上的德，却可以用来辅助王业，成就霸业。今天用兵的人不是这样，他们不知道用兵要权衡得失。因而，发兵打仗的时候国内贫穷，打起仗来没有必胜的把握，战争胜利了兵士伤亡过多，夺得了土地国家却衰落了。这四种情况，是用兵带来的祸害。国家有这四种祸害，没有不危亡的。《大度》上说：发动战争而国内不贫穷，打起仗来有必胜把握，战争胜利后兵士伤亡不多，夺得土地国家却不衰败。做到这四点应采取什么措施呢？发兵打仗的时候国内不贫穷，是因为筹划得当；打起仗来有必胜把握，是因为法度严明；战争胜利后兵士伤亡不多，是因为训练有素、武器精良，敌人不敢抵抗；夺得土地而国家不败亡，是因为顺应民心。顺应了民心，一切号令制度就会有条不紊；训练有素、武器精良，就有了控制他人的资本；法度严明，军队就有遵循的依据；筹划得当，用兵就能明察胜负。治理军队有方法，战胜敌国有规律。明察治兵的方法就可以知道战争的规律，审查武器的优劣就可以了解战胜的原因，掌握了战争规律就可以战胜敌人。安定宗庙，养育儿女，管好四民，就可以树立威德。制定法令礼仪，发号施令，然后就可以统一军队治理百姓。

兵无主，则不蚤知敌。野无吏，则无蓄积。官无常，则下怨上。器械不巧，则朝无定。赏罚不明，则民轻其产[①]。故曰：蚤知敌，则独行。有蓄积，则久而不匮。器械巧，则伐而不费[②]。赏罚明，则勇士劝也。

三官不缪[③]，五教不乱，九章著明，则危危而无害，穷穷而无难[④]。故能致远以数，纵强以制[⑤]。三官：一曰鼓，鼓所以任也，所以起也，所以进也。二曰金，金所以坐也[⑥]，所以退也，所以免也。三曰旗，旗所以立兵也，所以制兵也，所以偃兵也。此之谓三官。有三令而兵法治也。五教：一曰教其目以形色之旗，二曰教其耳以号令之数，三曰教其足以进退之度，四曰教其手以长短之利，五曰教其心以赏罚之诚。五教各习，而士负以勇矣[7]。九章：一曰举日章则昼行，二曰举月章则夜行，三曰举龙章则行水，四曰举虎章则行林，五曰举乌章则行陂，六曰举蛇章则行泽，七曰举鹊章则行陆，八曰举狼章则行山，九曰举韟章则载食而驾。九章既定，而动静不过。

三官、五教、九章，始乎无端，卒乎无穷。始乎无端者，道也。卒乎无穷者，德也。道不可量，德不可数也。故不可量，则众强不能图。不可数，则伪诈不敢向。两者备施，则动静有功。径乎不知[8]，发乎不意。径乎不知，故莫之能御也。发乎不意，故莫之能应也。故全胜而无害。

注释

①轻其产：对赏赐的田产看得很轻，这里指将士不会为此英勇作战。

②费：通“拂”，逆，受挫。

③缪：通“谬”，错误。

④危危、穷穷：至危、至穷。

⑤纵：总领。

⑥坐：止。

⑦负：恃，依靠。

⑧径：通“经”。

译文

军队没有统帅，就不能预先掌握敌情；田野没有官吏管理，就没有充足的粮草积蓄；官府没有常法，下民就抱怨君上；军队武器不精良，朝廷就不得安定；赏罚不严明，将士就不会勇敢作战。所以说：预先掌握敌情，就会所向无敌；有粮草积蓄，就会久战而不匮乏；武器精良，打起仗来就不会受挫；赏罚严明，勇士们就会受到鼓励。

三官无误，五教不乱，九章鲜明，即使军队陷入极度危险也不会有伤害，处于极度困厄也不会遇难。于是，可以凭此方略远征他国，借此战术操纵强国。所谓三官：第一是鼓，鼓是用来指挥作战的，用来鼓舞士气的，用来乘胜追击的；第二是金，金是用来防守的，用来撤退的，用来休战的；第三是旗，旗是用来集合军队的，用来调度军队的，用来安营扎寨的。这就是三官，有这三种号令，兵法就能发挥作用了。所谓五教：一是训练战士用眼睛识别各种形状和颜色的军旗；二是训练战士用耳朵去识别各种号令的声音；三是训练战士用双脚掌握前进后退的步伐；四是训练战士用双手学会各种长短武器的使用；五是训练战士用心牢记赏罚制度的严明。五教都掌握了，战士就能凭借它勇敢地作战了。所谓九章：一是举日章白天行军；二是举月章夜间行军；三是举龙章涉水行军；

四是举虎章穿林行军；五是举乌章山坡行军；六是举蛇章沼泽行军；七是举鹊章陆上行军；八是举狼章山上行军；九是举𩨨章载上粮食驾车行军。九章既已确定，军队的行止就不会有过失。

运用三官、五教和九章，要做到开始的时候没有开端，结束的时候没有穷尽。开始的时候没有开端，就像道；结束的时候没有穷尽，就像德。道是不可量度的，德是无法测算的。不可量度，众敌强大也不能图谋我军；无法测算，敌军隐蔽狡诈也不敢对抗我军。两者兼备同时施行，无论进攻或静守都有功效。军队过境不让敌人知道，发动进攻而让敌人料想不到。过境而敌人不知，就没有谁能够防御；进攻而敌人不曾料到，就没有谁能够应对。所以，这样的军队能大获全胜而没有损失。

因便而教，准利而行。教无常，行无常。两者备施，动乃有功。器成教施，追亡逐遁若飘风，击刺若雷电。绝地不守，恃固不枝[①]。中处而无敌，令行而不留。器成教施，散之无方，聚之不可计。教器备利，进退若雷电，而无所疑匮[②]。一气专定，则傍通而不疑[③]。厉士利械，则涉难而不匮。进无所疑，退无所匮，敌乃为用[④]。凌山阬不待钩梯，历水谷不须舟楫。径于绝地，攻于恃固。独出独入而莫之能止。实不独入，故莫之能止。实不独出，故莫之能敛。无名之至尽，尽而不意，故不能疑神⑤。

注释

①不枝：不能支持。

②疑匮：止息溃散。匮，通“溃”。

③傍：通“旁”，广泛，普遍。

④敌：郭沫若说：“此‘敌’字非仇敌之敌……齐人谓军旅亦谓之敌也。”这里指军队。

⑤不：通“丕”，大。疑：通“拟”，比拟。

译文

要根据行军方便进行训练，要按照作战有利的原则进行部署。训练没有常规，部署也没有常规。两者兼顾一并施行，打起仗来就能成功。兵器完备，实施训练，追逐逃兵就像飘风一样迅速，击杀敌军就像雷电一样迅猛。敌人虽占据险绝之地也无法固守，虽凭借牢固之地也无法坚持。我军处于主动地位所向披靡，军令畅通无阻毫无滞留。兵器完备，实施训练，分兵时使敌人失去方向，聚合时使敌人不能测度。训练有素、武器精良，军队的进退像雷电，而没有任何停滞和溃散。做到保持士气，专注于目标，就会四处畅通不受阻碍；做到兵强器利，即使遇到艰险也不会溃散。进军没有阻碍，退军不会溃散，军队就可以为我所用了。穿越山谷不用钩梯，涉足水沟不用船只。可以跨越绝险的地势，可以攻克险固的堡垒。独出独入，谁也不能阻止。独入，并不是孤军深入，所以无人能令其止步；独出，并不是孤军突围，所以无人能阻拦其离开。这种威力无法用语言形容至尽，说尽了反而不能表达原意。所以，其伟大可与神灵相比拟。

畜之以道则民和，养之以德则民合。和合故能谐，谐故能辑，谐辑以悉[①]，莫之能伤。

定一至[②]，行二要[③]，纵三权[④]，施四机[⑤]，发五教[⑥]，设六行[⑦]，论七数[⑧]，守八应[⑨]，审九章[⑩]，章十号[⑪]，故能全胜大胜。

无守也，故能守胜。数战则士罢[⑫]，数胜则君骄。夫以骄君使罢民，则国安得无危？故至善不战，其次一之[⑬]。破大胜强，一之至也。乱之以变，乘之以诡，胜之以诈，一之实也。近则用实，远则施号。力不可量，强不可度，气不可极，德不可测，一之原也。众若时雨，寡若飘风，一之终也。

制适[⑭]，器之至也。用适，教之尽也。不能致器者，不能制适。不能尽教者，不能用适。不能用适者穷，不能致器者困。速用兵，则可以必胜。出入异涂[⑮]，则伤其敌。深入危之，则士自修[⑯]。士自修，则同心同力。

善者之为兵也，使敌若据虚，若搏景[⑰]。无设无形焉，无不可以成也。无形无为焉，无不可以化也，此之谓道矣。若亡而存，若后而先，威不足以命之。

注释

①悉：周，全。

②一至：“破大胜强。”见本篇。

③二要：“因便而教，准利而行。”见本篇。

④三权：鼓、金、旗。见本篇。

⑤四机：“必明其情，必明其将，必明其政，必明其士。” 见《幼官》。

⑥五教：“一曰教其目以形色之旗，二曰教其耳以号令之数，三曰教其足以进退之度，四曰教其手以长短之利，五曰教其心以赏罚之诚。” 见本篇。

⑦六行：风雨之行，飞鸟之举，雷电之战，水旱之功，金城之守，一体之治。见《七法》。

⑧七数：则，象，法，化，决塞，心术，计数。见《七法》。

⑨八应：聚财，论工，制器，选士，政教，服习，遍知天下，审御机数。见《七法》。

⑩九章：“一曰举日章则昼行，二曰举月章则夜行，三曰举龙章则行水，四曰举虎章则行林，五曰举乌章则行陂，六曰举蛇章则行泽，七曰举鹊章则行陆，八曰举狼章则行山，九曰举𨍏章则载食而驾。”见本篇。

⑪十号：《幼官》说："动慎十号。"具体内涵不详。

⑫罢：同"疲"，疲惫。

⑬一：一战胜敌。

⑭適：通"敌"。

⑮涂：通"途"。

⑯修：戒备。

⑰景：通"影"。

译文

用道来养兵，人民就会和睦；用德来养兵，人民就会团结。和睦团结就能协调一致，协调一致就能凝聚力量，协调一致并凝聚力量，就没有人能够伤害了。

定于一至，实行二要，总揽三权，掌握四机，实施五教，设置六行，讲究七数，坚守八应，辨识九章，彰明十号。这样就能大获全胜。

不固守一处，所以能以守取胜。连续战斗会使士兵疲惫，连续获胜会使国君骄傲，以骄傲的国君去驱使疲惫的士兵，国家怎么能不危险呢？所以，用兵最好是不战而胜，其次是一战而胜。攻破大国，战胜强国，这是一战而胜的极致。用权变扰乱敌军，用诡计追逐敌人，用诈谋战胜敌人，这是一战而胜的实质。用一战而胜征讨近敌，用号令威慑远邦。力量不可估计，强盛不可测度，气势没有极限，心智无法捉摸，这是一战而胜的根本。军队集合时像雨一样密集，军队疏散时像飘风一样迅速，这是一战胜敌的最后表现。

能控制敌人，是武器精良的结果；使敌人为我所用，是训练有素的结果。不能使武器精良，就不能控制敌人；不能使军队训练有素，就不能使敌人为我所用。不能使敌人为我所用，将处于被动；不能使武器精良，将陷入困境。用兵神速，可以稳操胜券。军队神出鬼没，就能劳伤敌军。深入敌境处于危险境地，兵士就会自我警戒，兵士自我警戒，就会同心协力。

深谙用兵之道的人，总是让敌军仿佛自置于虚空之地，好像在和自己的影子搏斗。没有固定的据点、没有固定的阵容，因而没有一战不成功的。没有固定的阵容，没有固定的举动，因而没有一战不见成效的。这就叫作用兵之道。它看起来像是不讲究战术，却无处不体现战术，它看起来像是处处落在敌人后面，却无处不抢在敌人前面。它的威力难以用言语形容。

中匡

题解

《管子》中的《大匡》《中匡》《小匡》，类似管仲的传记。它们记述了自管仲、鲍叔等人受齐僖公嘱托奉傅二公子，到管仲辅佐公子小白成就霸业的全过程。关于这三篇文章的命名，有不同的解释。郭沫若认为，“匡”是“簿”的假借，而“簿”同“简”。简有长短，《大匡》是二尺四寸的简书，《中匡》是一尺二寸的简书，《小匡》是八寸的简书。吕思勉认为，“大匡”“中匡”“小匡”盖犹言上中下，因篇幅繁杂分为三篇。本篇是选译。

桓公谓管仲曰：“请致仲父[①]。”公与管仲将饮之，掘新井而柴焉[②]。十日斋戒，召管仲。管仲至，公执爵，夫人执尊，觞三行，管仲趋出。公怒曰：“寡人斋戒十日而饮仲父，寡人自以为修矣。仲父不告寡人而出，其故何也？”鲍叔、隰朋趋而出，及管仲于途，曰：“公怒。”管仲反，入，倍屏而立，公不与言。少进中庭，公不与言。少进傅堂[③]。公曰：“寡人斋戒十日而饮仲父，自以为脱于罪矣。仲父不告寡人而出，未知其故也。”对曰：“臣闻之，沉于乐者洽于忧[④]，厚于味者薄于行，慢于朝者缓于政，害于国家者危于社稷，臣是以敢出也。”公遽下堂曰：“寡人非敢自为偷也，仲父年长，虽寡人亦衰矣，吾愿一朝安仲父也。”对曰：“臣闻壮者无怠，老者无偷，顺天之道，必以善终者也。三王失之也[⑤]，非一朝之萃[⑥]，君奈何其偷乎？”管仲走出，君以宾客之礼再拜送之。

明日，管仲朝，公曰：“寡人愿闻国君之信。”对曰：“民爱之，邻国亲之，天下信之，此国君之信。”公曰：“善。请问信安始而可？”对曰：“始于为身，中于为国，成于为天下。”公曰：“请问为身。”对曰：“道血气，以求长年、长心、长德。此为身也。”公曰：“请问为国。”对曰：“远举贤人，慈爱百姓，外存亡国，继绝世，起诸孤，薄税敛，轻刑罚，此为国之大礼也。”公曰：“请问为天下。”对曰：“法行而不苛，刑廉而不赦，有司宽而不凌。菀浊困滞者[⑦]，法度不亡，往行不来[⑧]，而民游世矣[⑨]。此为天下也。”

注释

①仲父：桓公对管仲的尊称。

②柴：用柴草覆盖使井水清洁，以此表示恭敬。

③傅：通“薄”，接近，靠近。

④洽：沾染。

⑤三王：指夏桀、商纣、周幽王。

⑥萃：集。

⑦菀浊困滞：菀，通“冤”。浊，受辱。困，走投无路者。滞，冤情不能上达。

⑧来：约束。于省吾说：“‘来’乃‘勑chì’之古文，字亦作‘饬’。”

⑨游世：俞樾说：“‘世’读为泄，‘游’‘泄’皆和乐之义。”

译文

桓公对管仲说：“请仲父到我这里来。”桓公要宴请管仲，于是新挖了一口井，用柴草把井盖好。斋戒了十天，召见管仲。管仲来到之后，桓公拿着酒爵，夫人拿着酒杯敬酒。酒过三巡，管仲就走了。桓公不高兴地说：“我斋戒十天来宴请仲父，自以为很严肃了。可仲父却不辞而别，这是为什么呢？”鲍叔、隰朋赶紧走出去，在路上追上管仲，说：“君主生气了。”管仲返回，走进院门，背靠着屏风站立，桓公不和他说话。再往前走到中庭，桓公还是不和他说话。再往前走到堂屋，桓公说：“我斋戒了十天来宴请仲父，自认为没有什么对不起你的地方。你不辞而别，真不知道什么原因。”管仲回答道：“我听说，沉湎于安乐就会遭遇忧患，嗜好美味就会忽视德行，怠慢于听朝就会延误国政，有害于国家就会危及社稷。我就是因为这些才敢不辞而别。”桓公赶紧走下厅堂说：“我并不敢独自苟且偷安，仲父年事已高，连我也老了，我想找个机会和仲父一起享受些欢乐。”管仲说：

“我听说壮年人不应懈怠，老年人不应苟安，顺应天道办事，一定有好的结果。夏桀、商纣、周幽王三位君王的过失，并不是一朝一夕造成的，您为什么要苟且偷安呢？”管仲告辞，桓公用宾客的礼节再三行拜，送别管仲。

第二天，管仲上朝，桓公说：“我想听一听树立国君威信的问题。”管仲说：“百姓爱戴他，邻国亲附他，天下人信赖他。这就是国君的威信。”桓公说：“好。请问树立威信从哪里开始得当呢？”管仲说：“从修身开始，在治理国家的过程中逐渐确立，最后在治理天下的时候成就它。”桓公说：“请问如何修身？”管仲说：“疏导血气，求得寿命长、谋虑远、施德广，这就是修身。”桓公说：“请问如何治理国家？”管仲说：“充分举荐贤人，慈爱百姓，对外保全已灭亡的国家，接续断绝了的世家，起用死于王事的卿大夫子孙，薄收赋税，减轻刑罚，这是治理国家的大礼。”桓公说：“请问如何治理天下？”管仲说：“施行法治而不苛刻，刑罚简要而不赦免，官吏宽厚而不欺凌百姓，蒙受冤屈、遭受侮辱、走投无路、欲诉无门的人，都能受到法制的保护，人民往来自由轻松，一派和乐的样子。这就叫作天下大治。”

小匡

题解

本篇记述管仲辅助桓公建立霸业的历史，在内容上与前文多有相同，但记述得更为详细。本篇是选译。

初，桓公郊迎管子而问焉。管仲辞让，然后对以参国伍鄙，立五乡以崇化，建五属以厉武，寄兵于政，因刑罚，备器械，加兵无道诸侯，以事周室。桓公大悦。于是斋戒十日，将相管仲。管仲曰："臣斧钺之人也，幸以获生，以属其腰领[①]，臣之禄也。若知国政，非臣之任也。"公曰："子大夫受政，寡人胜任。子大夫不受政，寡人恐崩。"管仲许诺，再拜而受相。

三日，公曰："寡人有大邪三，其犹尚可以为国乎？"对曰："臣未得闻。"公曰："寡人不幸而好田[②]，晦夜而至禽侧，田莫不见禽而后反。诸侯使者无所致，百官有司无所复。"对曰："恶则恶矣，然非其急者也。"公曰："寡人不幸而好酒，日夜相继，诸侯使者无所致，百官有司无所复。"对曰："恶则恶矣，然非其急者也。"公曰："寡人有污行，不幸而好色，而姑姊有不嫁者。"对曰："恶则恶矣，然非其急者也。"公作色曰："此三者且可，则恶有不可者矣？"对曰："人君唯优与不敏为不可[3]。优则亡众，不敏则不及事。"公曰："善。吾子就舍，异日请与吾子图之。"对曰："时可将与夷吾，何待异日乎？"公曰："奈何？"对曰："公子举为人博闻而知礼，好学而辞逊，请使游于鲁，以结交焉。公子开方为人巧转而兑利[4]，请使游于卫，以结交焉。曹孙宿其为人也，小廉而苛忕[5]，足恭而辞给[6]，正荆之则也[7]，请使往游，以结交焉。"遂立行三使者而后退。

注释

①属：连接。

②田：通"畋"。

③优：优柔寡断。

④兑：通"锐"。

⑤苛忕shì：小有明察。

⑥辞给：善于辞令。

⑦荆：楚国。

译文

当初，桓公在郊外迎接管仲时曾经向他请教政事，管仲最初辞让，后来提出以下建议：三分其国五分其鄙，设五乡进行教化，立五属来厉行军事训练，把军事寄托在内政之中，利用刑罚备置兵器，征伐无道的诸侯，来尊奉周王室。桓公非常高兴，于是斋戒十日，打算拜管仲为相。管仲说："我是一个将受斧钺之戮的人，今天侥幸得以生存，使腰颈相连，这已经是我的福气了。若让我管理国家的政事，这不是我能够担任的。"桓公说："你接受国政管理，我就能胜任国君；你不接受，恐怕我就要垮台。"管仲答应了，再拜而接受相位。

过了三天，桓公说："我有三大缺点，难道还能治理好国家吗？"管仲说："我还没有听说过。"桓公说："我不幸嗜好畋猎，黑夜里跑到野兽出没的地方，每一次都是不见到野禽绝不返回。诸侯的使者因此不能通报使命，百官也无法汇报政事。"管仲说："这个嗜好确实不好，但还不是最要紧的。"桓公说："我不幸嗜好饮酒，白天喝了晚上接着喝，诸侯的使者因此不能通报使命，百官也无法汇报政事。"管仲说："这个嗜好确实不好，但还不是最要紧的。"桓公说："我还有一件丑事，就是不幸而喜好女色，以至于姑表姐妹都有嫁不出去的人。"管仲说："这个嗜好确实不好，但还不是最要紧的。"桓公脸色大变，说："这三个缺点都不要紧，难道还有什么不可以的事情吗？"管仲说："人君唯有优柔寡断和不明事理是不可以的。优柔寡断，就得不到百姓的拥护；不明事理，做事就不会成功。"桓公说："好。你先回去吧，改日再同你详谈。"管仲说："现在就可以和我谈，何必要等到其他的日子呢？"桓公说："那我该做什么呢？"管仲说："公子举见闻广博且熟悉礼仪，勤勉好学且言辞谦逊，请派他出使鲁国，以便与鲁国结交。公子开方机变而尖刻，请派他出使卫国，以便与卫国结交。曹孙宿廉洁且明察，态度谦恭而言辞敏捷，正合乎荆楚的风格，请派他出使楚国，以便与楚国结交。”于是，桓公即刻派出三位使者，然后管仲才告退。

霸　言

题解

本篇论述了在诸侯林立的列国环境中，如何利用各国力量的消长巧妙处理与他国的关系，进而取得霸王之业。文章气势磅礴，规模宏大，在其他诸子著作中是少见的。本篇是选译。

霸王之形，象天则地[①]，化人易代，创制天下，等列诸侯[②]，宾属四海[③]，时匡天下。大国小之，曲国正之，强国弱之，重国轻之，乱国并之，暴王残之，僇其罪，卑其列，维其民，然后王之。

夫丰国之谓霸，兼正之国之谓王[④]。夫王者有所独明，德共者不取也，道同者不王也。夫争天下者，以威易危暴，王之常也。君人者有道，霸王者有时。国修而邻国无道，霸王之资也。夫国之存也，邻国有焉。国之亡也，邻国有焉。邻国有事，邻敌得焉[⑤]。邻国有事，邻敌亡焉。天下有事，则圣王利也。国危，则圣人知矣[⑥]。夫先王所以王者，资邻国之举不当也[⑦]。举而不当，此邻敌之所以得意也。

注释

①象：模仿。

②等列诸侯：排列诸侯的等次。

③宾属四海：使四海归附。

④之国：其他诸侯国。之，即“诸”。

⑤邻敌：邻国之敌，即自己的国家。

⑥知：同“智”。

⑦资：凭借，依赖。

译文

霸业和王业的形势，模仿上天，效法大地，教化世人，改朝换代，创立天下法制，排列诸侯等次，使四海臣服，并乘时匡正天下；它削减大国的土地，矫正邪曲的国家，使强国变弱，权重之国变轻；它兼并乱国，摧残暴虐的国君，惩处他的罪恶，降低他的地位，保护国内人民，然后进行统治。

使本国强盛起来叫作霸，兼并匡正其他诸侯国叫作王。成就王业的人，有其独特的高明之处。德义相同的国家，他不去攻取；道义一致的国家，他不去统治。争夺天下，就是以威力推翻危乱暴虐，这是王业的常理。统治人民有方略，王业、霸业有机缘。国家治理清明而邻国混乱无秩序，这是成就王业霸业的有利条件。国家的生存与邻国有关，国家的败亡也与邻国有关。邻国举事，邻敌可能有所得；邻国举事，邻敌也可能有所失。天下举事，圣明的君王总能借此获得好处。国家危亡，圣人的智慧就显露出来了。古代圣王之所以能成就王业，往往是借助邻国不正确的举措。举措不正确，这是邻敌渔利、得意的原因。

霸王之形，德义胜之，智谋胜之，兵战胜之，地形胜之，动作胜之，故王之。夫善用国者，因其大国之重，以其势小之。因强国之权，以其势弱之。因重国之形，以其势轻之。强国众，合强以攻弱，以图霸。强国少，合小以攻大，以图王。强国众，而言王势者，愚人之智也。强国少，而施霸道者，败事之谋也。夫神圣，视天下之形，知动静之时，视先后之称①，知祸福之门。强国众，先举者危，后举者利。强国少，先举者王，后举者亡。战国众②，后举可以霸。战国少，先举可以王。

注释

①先后之称：适宜的先后次序。

②战国：交战的国家。

译文

霸业和王业的形势，德义处于优势，智谋处于优势，兵战处于优势，地形处于优势，行动处于优势，所以能统治天下。善于利用国际关系的人，往往利用大国的力量，趁势来缩小别国的疆域；利用强国的权威，趁势削弱别国的实力；利用重国的地位，趁势压低别国的地位。强国多，就联合强国攻击弱国，图谋霸业；强国少，就联合小国攻击大国，图谋王业。强国多，却谈论争取王业的形势，是愚人的想法；强国少，却想施行霸业，是败事的谋略。神圣的君主，总是观察天下的形势，了解动静的时机，观察先后的机宜，了解祸福的道路。强国多，先举事的人危险，后举事的人得利。强国少，先举事的人称王，后举事的人失败。参战的国家多，后举事的人可以称霸；参战的国家少，先举事的人可以称王。

夫轻重强弱之形，诸侯合则强，孤则弱。骥之材，而百马代之，骥必罢矣[①]。强最一代，而天下攻之，国必弱矣。强国得之也以收小，其失之也以恃强。小国得之也以制节，其失之也以离强。夫国小大有谋，强弱有形。服近而强远，王国之形也。合小以攻大，敌国之形也。以负海攻负海，中国之形也[②]。折节事强以避罪，小国之形也。自古以至今，未尝有能先作难，违时易形，以立功名者。无有常先作难，违时易形，而不败者也。

注释

①罢：通“疲”。

②中国：中原之国。

译文

国家轻重强弱的形势，各诸侯国联合起来就强大，各自孤立就弱小。骐骥之材，若百马轮流与它竞逐，它一定会疲惫落后。最强盛的国家，若天下各国都去攻打它，它一定会衰弱下去。强国正确的做法是容纳小国，其失误在于自恃其强。小国正确的做法是折节事强，其失误在于脱离强国。国家无论大小，都要有自己的谋略，无论强弱，都要有依靠的形势。征服近国威慑远国，是谋取王业的国家依靠的形势。联合小国以攻击大国，是势均力敌之国依靠的形势。以负海之国攻击负海之国，是中原各国依靠的形势。折节侍奉强国以避免祸患，是小国依靠的形势。自古及今，从来没有首先兴兵发难、违背时机、更易形势而建立功名的；也没有经常首先兴兵发难、违背时机而不失败的。

君臣上

题解

《君臣》有上下两篇，主要论述为君之道、为臣之道及君臣之间的相互关系。这是《君臣》的上篇。本篇是选译。

夫为人君者，荫德于人者也[①]。为人臣者，仰生于上者也。为人上者，量功而食之以足。为人臣者，受任而处之以敬。布政有均，民足于产，则国家丰矣。以劳受禄[②]，则民不幸生。刑罚不颇，则下无怨心。名正分明，则民不惑于道。道也者，上之所以导民也。是故道德出于君，制令传于相，事业程于官[③]，百姓之力也，胥令而动者也。是故君人也者，无贵如其言，人臣也者，无爱如其力。言下力上，而臣主之道毕矣。是故主画之，相守之。相画之，官守之。官画之，民役之，则又有符节、印玺、典法、策籍以相揆也[④]。此明公道而灭奸伪之术也。

注释

①荫德于人：用德来庇护人民。

②受：通“授”。

③程：考核，衡量。

④符节：古代朝廷用作凭证的信物。揆：揆度，衡量。

译文

作为人君，他用德来庇护人民；作为人臣，他仰赖君主生活。作为人君，通过考核功绩并用足够的俸禄来供养臣下；作为人臣，接受人君任务并严肃认真地执行。人君施行政令均衡，人民在生产上能够自足，国家就富裕了。按照劳绩授予奖赏，人民就不会侥幸偷生。刑罚没有偏向，下面就不会有抱怨之心。名分正当职事分明，人民对于君主的治国之道就不会产生疑惑。所谓道，是君主用来引导人民的。所以，道与德出自于君主，法制和命令由相传达，职事功业由官吏考核，百姓的劳作是等待命令才开始行动。所以，做人君的，再没有比言语更贵重的了。做人臣的，再没有比才力更受珍爱的了。君主的言语下通于臣，人臣的才力上达于君，这样君臣之道就算完备了。所以，君主谋划，宰相执行；宰相谋划，官吏执行；官吏谋划，人民出力服役，然后又有符节、印玺、典章、法律、文书和册籍来规范核查，这些都是用来彰明公道、消除奸伪的办法。

论材、量能、谋德而举之，上之道也。专意一心，守职而不劳，下之事也。为人君者，下及官中之事，则有司不任[①]。为人臣者，上共专于上，则人主失威。是故有道之君，正其德以莅民，而不言智能聪明。智能聪明者，下之职也。所以用智能聪明者，上之道也。上之人明其道，下之人守其职，上下之分不同任，而复合为一体。是故：知善，人君也。身善[②]，人役也。

君身善，则不公矣。人君不公，常惠于赏，而不忍于刑，是国无法也。治国无法，则民朋党而下比，饰巧以成其私。法制有常，则民不散而上合，竭情以纳其忠[③]。是以不言智能，而朝事治、国患解，大臣之任也。不言聪明，而善人举、奸伪诛，视听者众也。是以为人君者，坐万物之原[④]，而官诸生之职者也。选贤论材，而待之以法。举而得其人，坐而牧，其福不可胜收也。官不胜任，奔走而奉，其败事不可胜救也。而国未尝乏于胜任之士，上之明适不足以知之[⑤]。是以明君审知胜任之臣者也。故曰：主道得，贤材遂，百姓治，治乱在主而已矣。

注释

①不任：无法负责。

②身善：亲身做好各类事情。

③情：诚。

④坐：守。

⑤适：特，只。

译文

评定人才，审度能力，考查德行，然后加以任用，这是做君主的职责。专心致志，谨守职务而不认为劳苦，这是做人臣的职责。做人君的，如果对下插手官吏主管的事务，那么官吏将无法对自己的工作负责；做人臣的，如果超越自己的职位与君主共享专权，那么君主就会逐渐丧失威信。因此，懂得自己职责的君主，往往端正自己的德行来领导人民，而不谈论智能和聪明。智能和聪明，是臣下做事应该具备的；如何去使用臣下的智能聪明，才是君主的职责。在上的君主明白自己的职守，在下的臣民谨守他们的职责，上下有分，职责不一样，但又复合为一个整体。所以，知人善任的是人君，事必躬亲的是被役使的人。

君主如果亲自做事，就不公正了。君主不公正，就常把赏赐作为一种恩惠，而不忍心动用刑罚，这样国家就没有法制了。治国没有法制，人民就会拉帮结派，下面相互勾结，玩弄巧诈图谋私利。如果法制行之有素，人民就不会分帮分派而是与君主齐心协力，并竭诚贡献他们的忠心。所以，君主不谈论智能聪明，却使朝中事务得到治理，国家祸患得以解除，这是因为任用了大臣的缘故。君主不谈论聪明，却使贤才得以任用，奸伪之人遭受罢免，这是因为监督纠查的人众多的缘故。身为君主的，是掌握万物根本而授予众人职事的人。他们选拔贤能，评定人才，并且依照法度来使用和对待他们。如果举用人才正确得当，坚守君道来统治人民，好处会很多很多。如果官吏不能胜任他们的职位，即使整日奔波、勤勉劳作，由他们搞糟搞乱的事情也会很多很多。国家并不缺乏能够胜任各类职事的人才，只是君主的明察还不足以发现他们。因此，英明的君主，是审定、发现各类人才的人。所以说，君主掌握了为君之道，贤才就会得以任用，百姓就会得到治理，国家的治乱在于君主而已。

君臣下

题解

本篇的论述内容、主旨同《君臣上》。

古者未有君臣上下之别，未有夫妇妃匹之合[①]，兽处群居，以力相征。于是智者诈愚，强者凌弱，老幼孤独不得其所。故智者假众力以禁强虐，而暴人止。为民兴利除害，正民之德，而民师之。是故道术德行，出于贤人，其从义理兆形于民心[②]，则民反道矣[③]。名物处，是非分，则赏罚行矣。上下设，民生体[④]，而国都立矣。是故国之所以为国者，民体以为国，君之所以为君者，赏罚以为君。

注释

①妃：配偶。

②兆：开始。

③反：同“返”。

④民生体：人民有了贵贱等级的体统。

译文

古时候没有君臣上下的分别，也没有夫妻配偶的结合，人们就像野兽一样共处群居，凭借自己的力气互相争夺。于是聪明的诈骗愚蠢的，强壮的欺凌弱小的，老、幼、孤、独没有安定的居住场所。因此，智者就依靠众人的力量来控制强暴残虐，强暴残虐才被制止。由于为人民兴利除害，匡正人民的德行，人民便把智者当作自己的导师。所以，道术和德行是从贤人那里产生的。道术和德行所遵从的义理开始形成于人民心中，人民就返回正道了。辨别名物，分清是非，于是赏罚得以施行。上下关系确立，人民有了贵贱等级的体统，国家都城就可以建立起来。所以，国家之所以成为国家，是因为人民有贵贱等级的体统；君主之所以成为君主，是因为掌握了赏罚这个根本。

为人上者，制群臣百姓，通中央之人。是以中央之人，臣主之参[①]。制令之布于民也，必由中央之人。中央之人以缓为急，急可以取威，以急为缓，缓可以惠民。威惠迁于下，则为人上者危矣。贤不肖之知于上，必由中央之人。财力之贡于上，必由中央之人。能易贤不肖而可成党于下，有能以民之财力上啖其主[②]，而可以为劳于上。兼上下以环其私[③]，爵制而不可加，则为人上者危矣。先其君以善者，侵其赏而夺之惠者也。先其君以恶者，侵其刑而夺之威者也。讹言于外者，胁其君者也。郁令而不出者[④]，幽其君者也[5]。四者一作而上不知也，则国之危可坐而待也。

注释

①参：参事，共议政事的人。

②啖：以利诱人。

③环：经营。

④郁：堵塞。

⑤幽：封锁。

译文

作为君主，统治群臣百姓，是通过左右的大臣来实现的。所以左右的大臣是群臣与君主之间的参政者。制定法令制度并颁布于民众，必须经由左右大臣。左右大臣把该缓办的事情改为急办，急办可以猎取权威；把该急办的事情改为缓办，缓办可以显示对人民的恩惠。君主的权威与恩惠如果这样转移到下面，做君主的可就危险了。君主要了解官吏是贤能还是不肖，必定经由左右大臣；各地的财物和人力贡献给君主，必定经由左右大臣。左右大臣可以颠倒贤能与不肖，在下面结党营私；也可以借用百姓的财力诱惑君主，在上面邀功请赏。他们在君主和臣民之间两头牟取私利，官爵和法令对他们起不了作用，这样做君主的就危险了。先于君主实施奖赏，侵夺了君主行赏和施惠的权力；先于君主实施刑罚，侵夺了君主罚罪和施威的权力。在外面制造谣言，是威胁君主；阻滞法令的传达，这是封锁君主。这四种情况一旦发生，而君主还不知道，那么国家的危亡可以坐等它到来了。

明君在上，忠臣佐之，则齐民以政刑[①]，牵于衣食之利，故愿而易使[②]，愚而易塞。君子食于道，小人食于力，分也。威无势也无所立，事无为也无所生。若此，则国平而奸省矣。君子食于道，则义审而礼明。义审而礼明，则伦等不逾，虽有偏卒之大夫[③]，不敢有幸心，则上无危矣。齐民食于力则作本[④]，作本者众，农以听命[⑤]。是以明君立世，民之制于上，犹草木之制于时也。故民迂则流之，民流则迂之。决之则行，塞之则止，虽有明君[⑥]，能决之，又能塞之。决之则君子行于礼，塞之则小人笃于农。君子行于礼，则上尊而民顺。小民笃于农，则财厚而备足。上尊而民顺，财厚而备足，四者备体，顷时而王不难矣。

注释

①齐：使整齐，这里指治理。

②愿：忠厚老实。

③偏卒：军队。偏，兵车的编制单位，九乘为小

偏，十五乘为大偏。卒，士兵的编制单位，百人为卒。

④本：农业。

⑤农：努力，勤勉。

⑥虽：同“唯”。

译文

明君在上位，忠臣辅佐他，就可以用政教和刑罚来治理人民；使人民关心衣食之利，人民就会朴实而易被驱使，愚昧而易被控制。君子依靠治国之道来谋生，小人依靠苦力劳作谋生,他们职分不同。君子没有权势，就树立不起威望；小人不努力劳作，就生产不出财富。按照职分去做，国家才会安定，坏人才会减少。君子依靠治国之道谋生，义礼就能完备明确。义礼完备明确，没有人敢超越伦理的等级，即使拥有军队的大夫也不敢存有侥幸叛乱的心理，这样君主就没有危险了。统治农民使他们苦力劳作靠生产谋生；从事生产的人多了，他们就会勤勉听从命令。因此，贤明的君主治理国家，人民受君主的管制就如同草木受天时的制约一样。人民偏于保守就使之通达一些；人民偏于通达就使之保守一些。诱导他们,就会通达,控制他们,就会保守，唯有圣明的君主才能做到既诱导又控制。诱导他们，君子就会遵守礼制，控制他们，小人就会专心于生产。君子遵守礼制，君主就有尊严，人民就会顺从；小人专心于生产，财物就会丰厚，储备就会充足。君主有尊严，人民顺从，财物丰厚，储备充足，四者具备且成为一体，在短时间内成就王业就不难了。

小　称

题解

称，是举的意思。小称，按尹知章的注解，是“小举其过，则当权而改之”。本篇是选译。

管仲有病，桓公往问之曰：“仲父之病病矣[①]，若不可讳而不起此病也，仲父亦将何以诏寡人[②]？”管仲对曰：“微君之命臣也[③]，故臣且谒之，虽然，君犹不能行也。”公曰：“仲父命寡人东，寡人东；令寡人西，寡人西。仲父之命于寡人，寡人敢不从乎？”

管仲摄衣冠起，对曰：“臣愿君之远易牙、竖刁、堂巫、公子开方。夫易牙以调味事公，公曰：惟烝婴儿之未尝[④]。于是烝其首子而献之公。人情非不爱其子也，于子之不爱，将何有于公？公喜内而妒[⑤]，竖刁自刑而为公治内。人情非不爱其身也，于身之不爱，将何有于公？公子开方事公，十五年不归视其亲，齐卫之间，不容数日之行。人情非不爱其亲也，于亲之不爱，将何有于公？臣闻之，务为不久[⑥]，盖虚不长。其生不良者，其死必不终。”桓公曰：“善。”

注释

①病病：病情更加严重。后一“病”字是加重的意思。

②诏：告。多用于上对下，这里是为了表示尊敬。

③微：无，没有。

④烝：同“蒸”。

⑤喜内：好色。

⑥为：通“伪”。

译文

管仲患病，桓公前往慰问，说：“仲父的病更加严重了，如不忌讳，一病不起，仲父有什么话要对我说吗？”管仲回答说：“您即使不让我说，我也要向您汇报。不过，您可能不会去做。”桓公说：“仲父让我往东，我就往东；让我往西，我就往西。仲父对我说的话，我敢不听吗？”

管仲整整衣冠起来，说：“我希望您把易牙、竖刁、堂巫、公子开方辞退。易牙以烹饪侍奉您，您说唯有蒸婴儿的肉没有尝过，于是易牙就把他的长子蒸了让您品尝。人之常情，没有一个不喜爱自己的子女的。易牙连他的儿子都不喜爱，他对您又能怎么样呢？您喜欢女色且生性忌妒，竖刁就把自己阉割了为您管理内宫。人之常情，没有一个不喜爱自己的身体的。竖刁连他的身体都不喜爱，他对您又能怎么样呢？公子开方侍奉您，十五年了不回家探亲。齐国与卫国之间，只不过是几天的行程。人之常情，没有一个不敬爱自己的双亲的。公子开方连他的双亲都不敬爱，他对您又能怎么样呢？我听说，作假的不可能长久，掩饰虚伪的不可能长远。活着不干好事的人，也一定不得善终。”桓公说：“好。”

管仲死，已葬。公憎四子者，废之官。逐堂巫而苛病起[①]，逐易牙而味不至，逐竖刁而宫中乱，逐公子开方而朝不治。桓公曰：“嗟！圣人固有悖乎！”乃复四子者。处期年[②]，四子作难，围公一室不得出。有一妇人遂从窦入[③]，得至公所。公曰：“吾饥而欲食，渴而欲饮，不可得，其故何也？”妇人对曰：“易牙、竖刁、堂巫、公子开方，四人分齐国，涂十日不通矣[④]。公子开方以书社七百下卫矣，食将不得矣。”公曰：“嗟兹乎！圣人之言长乎哉！死者无知则已，若有知，吾何面目以见仲父于地下！”乃援素幭以裹首而绝[⑤]。死十一日，虫出于户，乃知桓公之死也。葬以杨门之扇。

桓公之所以身死十一日，虫出户而不收者，以不终用贤也。

注释

①苛病：不知名的精神错乱病。古人认为是鬼魂附体的原因，《吕氏春秋·知校》高诱注："鬼魂下人病也。"

②期年：一年。

③窦：洞。

④涂：通"途"。

⑤幭miè：手巾、头巾之类的东西。

译文

管仲去世，安葬完毕。桓公憎恶这四个人，罢免了他们的官职。可是，他驱逐了堂巫，却生起了鬼魂附体的怪病；驱逐了易牙，就尝不到以前的美味；驱逐了竖刁，内宫就乱作一团，驱逐了公子开方，朝政便得不到治理。桓公说："唉，圣人也难免有错误啊。"于是重新起用这四个人。一年之后，这四个人作乱，把桓公围困在一间屋子里不让出入。有一个妇女，从洞里钻进去，到了桓公的住所。桓公说："我饿了想吃饭，渴了想喝水，都得不到，这是什么原因？"这个妇女说："易牙、竖刁、堂巫、公子开方四人瓜分了齐国，道路已经十天不通了。公子开方把七百书社的土地和人口送给了卫国。吃的东西可能得不到了。"桓公说："唉，原来这样。圣人的话的确有远见啊。死去的人若是没有知觉就罢了，若是有知觉，我有什么脸面到地下去见仲父啊！”于是，拿起白色头巾，裹头而亡。死后十一天，蛆虫从门缝里爬出来，人们才发现桓公死了。用门板掩葬了桓公的尸体。

齐桓公之所以死后十一天，蛆虫从门缝里爬出也没有人收尸，就是因为没有最终任用贤人的缘故。

白　心

题解

白心，就是把自己心中关于人生、社会、天地万物的看法坦白地说出来。作者认为他说出的话就像是日月升到了最高处，毫不吝惜这份光明；遗憾的是，人们并没有认真对待。文章道家色彩浓厚，极具思辨性。本篇是选译。

建常立首[①]，以靖为宗[②]，以时为宝，以政为仪[③]，和则能久。非吾仪，虽利不为。非吾常，虽利不行。非吾道，虽利不取。上之随天，其次随人。人不倡不和，天不始不随。故其言也不废，其事也不堕。

原始计实[④]，本其所生。知其象则索其形，缘其理则知其情，索其端则知其名。故苞物众者[⑤]，莫大于天地。化物多者，莫多于日月。民之所急，莫急于水火。然而天不为一物枉其时，明君圣人亦不为一人枉其法。天行其所行而万物被其利，圣人亦行其所行而百姓被其利[⑥]。是故万物均、百姓平矣。是以圣人之治也，静身以待之，物至而名自治之。正名自治之，奇名自废。名正法备，则圣人无事。不可常居也[⑦]，不可废舍也，随变断事也，知时以为度。大者宽，小者局。物有所余，有所不足。

注释

①常：常法，常规。首：通“道”。

②靖：通“静”。

③政：通“正”，中正。

④原：察究，追索。

⑤苞：通“包”。

⑥被：蒙受。

⑦常居：长久固定不变。

译文

建立常法确立常规，要以虚静为根本，以合乎时宜为法宝，以中正为准则，三者协和就能长久。不合乎我的准则，虽有利可得也不去做；不合乎我的常法，虽有利可得也不去推行；不合乎我的常规，虽有利可得也不去索取。首要的是顺应天道，接下来是顺应人心。人们不倡导的事情不去附和，天不曾有过的东西不去追随。这样，他的言论不会被废弃，他的事业也不会失败。

考察事物的来源，推究事物的本质，探索它生成的根据。了解事物的现象可以探查它的形体，根据事物的规律可以看到它的本质，找到事物的始末可以知道它的名称。包揽物类最多的，没有比得上天地的；化育物类最多的，没有比得上日月的；人民生活迫切需要的，没有比水火更着急的。可是，天不会为了一个物类的需要改变它的时令，贤明的君主、圣人也不会为了一个人的利益而违背法度。天按照它自己的规律运行，而万物都得到它的好处；圣人也按照他自己的法度做事，而百姓都蒙受他的恩泽。所以说，万物均衡，百姓安定。因此，圣人治理天下，总是以虚静的态度对待。事情出现，按照名分自然地去治理。名分正确自然治理得好，名分不正确自然被淘汰。只要名分正确法度完备，那么圣人就安逸无事。名分法度不可能永远不变，也不可以经常废弃。要适应变化来裁断事物，要明察时宜来确立法度。事物大一点的，名分法度就宽松一些；事物小一点的，名分法度就局促一些。事物有时显得宽绰有余，有时显得局促不足。

兵之出，出于人，其人，入于身。兵之胜，从于适[①]。德之来，从于身。故曰：祥于鬼者义于人，兵不义不可。

强而骄者损其强，弱而骄者亟死亡[②]，强而卑者信其强[③]，弱而卑者免于罪。是故骄之余卑，卑之余骄。

注释

①适：通“敌”。

②亟：加速。

③信：通“伸”。

译文

战争发生，来自人为的原因；战争归来，带来自身的伤亡。战争胜利，来自敌人的失败；道德到来，取决于自身的努力。所以说：想祈福于鬼神的，一定对人多做好事；发动战争，没有正当的理由是不行的。

强大却骄傲的，会损害他的强大；弱小却骄傲的，会加速他的灭亡。强大却谦卑的，可以发展它的强大；弱小却谦卑的，可以免遭祸患。骄傲多一点，会导致卑下，谦卑多一点，会带来显荣。

道者，一人用之，不闻有余，天下行之，不闻不足。此谓道矣。小取焉则小得福，大取焉则大得福，尽行之而天下服，殊无取焉则民反，其身不免于贼[①]。左者，出者也，右者，入者也。出者不伤人，入者自伤也。不日不月[②]，而事以从。不卜不筮，而谨知吉凶。是谓宽乎形，徒居而致名。出善之言，为善之事，事成而顾反无名。能者无名，从事无事。审量出入，而观物所载。

注释

①贼：贼害。

②不日不月：不选择时间、日期。

译文

道，一个人使用它，没听说过有剩余；天下的人使用它，没听说过有不足。这就是道。小的使用能获得小福，大的使用能获得大福，完全按道行事就能使天下人顺服，完全不按道行事，人民就会反抗，他自身也不免被贼害。左边的方位，是生；右边的方位，是亡。生，不曾伤人；死，源于自伤。不必选择良辰吉日，只要遵从道就能遂其所愿；不必求神问卜，只要遵从道就可以知道吉凶。这就叫作身心安逸，只要闲居就可以得名。说好话，做好事，事业成功就返回到无名的状态。有才能的人不求出名，真正做事的人显得无事。发布政令要谨慎考虑，要注意事物的承受能力。

孰能治无治乎？始无始乎？终无终乎？为无为乎？故曰美哉岪岪[①]！故曰不中有中，孰能得夫中之衷乎[②]？故曰功成者隳，名成者亏。故曰孰能弃名与功而还与众人同？孰能弃功与名而还反无成？无成有贵其成也，有成贵其无成也。日极则仄[③]，月满则亏。极之徒仄，满之徒亏，巨之徒灭。孰能已无已乎？效夫天地之纪。

人言善亦勿听，人言恶亦勿听。持而待之，空然勿两之[④]，淑然自清。无以旁言为事成，察而征之，无听辩。万物归之，美恶乃自见。

注释

①茀fú茀：兴起的样子。

②衷：内心，这里指本质。

③仄：通“侧”，倾斜。

④两：对抗。

译文

谁能做到治理国家而不亲自治理？开创了事业而没有事业开端？完成了事业而没有事业结局？自己去做了，又像是没有去做？事实上，这样才是美好兴旺的。不去刻意中正而能够保持中正，谁能得到中正的本质？事业成功了就将走向衰败，有了名声就将走向衰落。谁能够放弃名声与功业，而返回到像普通人一样的状态呢？谁能够放弃功业和名声，而返回到没有成就的状态呢？无成就的人中有重视取得成就的，有成就的人中也有重视无成就的。太阳升到最高就会偏斜，月亮到了最圆就会亏缺。到了最高一定走向偏斜，到了最圆一定走向亏缺，到了最强盛一定走向灭亡。谁能做到终止了像是没有终止呢？效法一下天地的运行法则吧。

有人说好不要听信，有人说不好也不要听信。保留两种意见且等待它们，心怀虚静不要使两者对抗，就会寂然自明。不要把道听途说的话当成事实，考察且验证它，不要听信任何巧辩。把万事万物综合在一起，加以比较，孰美孰恶自己就会显现出来。

天或维之[①]，地或载之。天莫之维，则天以坠矣。地莫之载，则地以沉矣。夫天不坠，地不沉，夫或维而载之也夫。又况于人？人有治之，辟之若夫雷鼓之动也[②]。夫不能自摇者，夫或摇之。夫或者何？若然者也。视则不见，听则不闻，洒乎天下满，不见其塞。集于颜色，知于肌肤，责其往来，莫知其时。薄乎其方也，韕乎其圜也[③]，韕韕乎莫得其门。故口为声也，耳为听也，目有视也，手有指也，足有履也，事物有所比也[④]。

注释

①维：绳子。这里指维系。

②辟：通“譬”。

③韕kuò：混沌。丁士涵说：“‘韕’本作‘鞟’，乃‘廓’字之假借。”

④比：依靠，依赖。

译文

天好像有个东西在维系着，地好像有个东西在承载着。没有东西维系天，它就要坠下来；没有东西承载地，它就会沉下去。天没有坠下去，地没有沉下去，好像是哪个东西在维系且承载着它们吧！又何况于人呢？人有某种力量在支配他，就好像雷鼓被敲击后才发声一样。那些不能自己摇动的东西，总好像有个东西在摇动它们。这个好像存在的东西是什么呢？就像是这个样子：看，看不见；听，听不到；却洒满整个天下，从不滞留。它聚集在人的颜面上，表现在人的皮肤上，问一下它的往来，却不知道它的时间。它像广平的方形，又像混沌的圆形，浑含包裹却找不到它的出口。这样看来，口能发声，耳能听音，眼能看物，手能指划，足能行走，一切事物都是依靠它的。

当生者生，当死者死。言有西有东，各死其乡[①]。置常立仪，能守贞乎[②]？当事通道，能官人乎[③]？故书其恶者[④]，言其薄者。上圣之人，口无虚习也，手无虚指也，物至而命之耳。发于名声，凝于体色，此其可谕者也。不发于名声，不凝于体色，此其不可谕者也。及至于至者，教存可也，教亡可也。故曰济于舟者和于水矣[⑤]，义于人者祥其神矣。

注释

①死：主管。乡：通“向”。

②贞：通“正”。

③官：通“管”，管制，管理。

④恶：粗。

⑤济：利用，用。

译文

应该存在的存在，应该死亡的死亡，这是说事物有的在西，有的在东，各自遵从它的发展规律。确立规章订立准则，能保证正确吗？处理事情疏通引导，能管理好人民吗？所以，记在书上的是道的粗略，说出口的是道的片断。最尊贵的圣人，口不说空话，手不指虚物，事物出现就给它一个名称。事物有了名称，附着于形体、颜色之上，这样事物就可以说明白。事物没有名称，没有附着于形体、颜色之上，这样事物就不可能说明白。至于最好的办法，是让它自己存在下去，或是让它自己消亡下去。所以说，善用舟船的人熟悉水性，对人行义的人会得到鬼神的保佑。

事有适[①]，而无适，若有适[②]。觿解[③]，不可解，而后解。故善举事者，国人莫知其解。为善乎，毋提提[④]。为不善乎，将陷于刑。善不善，取信而止矣。若左若右，正中而已矣，县乎日月无已也[⑤]。愕愕者不以天下为忧[⑥]，刺刺者不以万物为笑[⑦]，孰能弃刺刺而为愕愕乎？

注释

①适：恰当的处理方法。

②若：乃，于是。

③觿xī：古代一种解结的锥子，用骨、玉等制成。

④提：显著。

⑤县：同“悬”。

⑥愕è愕：守正忘天下的样子。

⑦刺刺：借智谋苦心经营的样子。

译文

处理事情本有适宜的方法，但总是在人们不能正确解决的时候，才被作为适宜的方法提出来。骨锥本是用来解开绳结的，也是在绳结无法解开时，才会用它来开解。所以，善于做事的人，国人往往不知道他的办事方法。做了善事，不要追求显著的名声；做了不善的事，将会陷于刑网。善与不善，归结于实际情况的取舍。好像在左又好像在右，保持中正就可以了。中正就像悬在空中的日月，永无息止。守正无为的人不以天下事务为忧，苦心有为的人不以统率万物为满足，谁能够放弃苦心有为而奉行守正无为呢？

难言宪术[①]，须同而出[②]。无益言，无损言，近可以免[3]，故曰：知，何知乎？谋，何谋乎？审而出者彼自来。自知曰稽[4]，知人曰济。知苟适，可为天下君。内固之一，可为长久。论而用之，可以为天下王。

天之视而精，四辟而知请[5]，壤土而与生。能若夫风与波乎，唯其所欲适。故子而代其父，曰义也。臣而代其君，曰篡也。篡何能歌，武王是也。故曰孰能去辩与巧，而还与众人同道？故曰思索精者明益衰，德行修者王道狭，卧名利者写生危[6]，知周于六合之内者[7]，吾知生之有为阻也。持而满之，乃其殆也。名满于天下不若其已也。名进而身退，天之道也。满盛之国，不可以仕任。满盛之家，不可以嫁子。骄倨傲暴之人，不可与交。

注释

①宪术：法令政策。

②同：合乎民心。

③近：接近。

④稽：留止，延误。

⑤请：通“情”。

⑥写：置。

⑦六合：天地。

译文

宣布一项政策法令是不容易的，它必须符合人民的心愿才可以出台。不要多说话，也不要少说话，接近人民的心愿就可以免于增损。所以说，论智慧，自己有什么智慧？论谋略，自己有什么谋略？以人民的利益为准则出台政策法令，人民自然会来归附。仅了解自己，相当于延误；了解了他人，才叫作成功。了解了他人如能做到准确，可成为天下的君主。内心牢记且专一，便可以长久不败。谨慎使用，就可以成就天下的王业。

天观察万物是精确的，这是由于四面没有障碍，故能察知万物实情，包括大地的土壤及其所有的生物。但人们能够像风和波浪一样吗？人们只是按照其愿望行事罢了。儿子继承父亲的王位称为义，臣子代替君主的王位称为篡。篡，怎么也会被歌颂呢？周武王就是被歌颂的对象。所以说，谁能够抛弃诡辩与巧诈，而与众人共同信奉一个道理？思索愈精细的人，他的智慧就愈衰落；德行愈有修养的人，他的王道就愈狭窄；愈醉心于名利的人，就愈把生命置于危险境地。智慧遍及天地四方的人，我知道他的生命就要受到阻碍了。凭恃自己的思索、德行、名利而自我满足，那就很危险了。名声撒满天下，不如赶快停止。因为名进身退，这才是天道。极盛的国家，不能跑去当官做事；极盛的家族，不能把子女嫁过去和他结亲；骄傲倔暴的人，不能同他交往。

道之大如天，其广如地，其重如石，其轻如羽。民之所以[①]，知者寡。故曰何道之近，而莫之能服也？弃近而就远，何以费力也？故曰欲爱吾身，先知吾情。周视六合，以考内身。以此知象，乃知行情。既知行情，乃知养生。左右前后，周而复所。执仪服象，敬迎来者。今夫来者，必道其道，无迁无衍[②]，命乃长久。和以反中，形性相葆[③]。一以无贰，是谓知道。将欲服之，必一其端，而固其所守。责其往来，莫知其时。索之于天，与之为期。不失其期，乃能得之。故曰吾语若大明之极[④]，大明之明非爱，人不予也。同则相从，反则相距也。吾察反相距，吾以故知同从之同也。

注释

①以：与，相处。

②衍：通“延”，拖延。

③性：人的精气。葆：通“保”，保持，保护。

④大明：指日月。

译文

道，宏大如苍天，广阔如大地，沉重如磐石，轻巧如羽毛。人们与它共处，了解它的却很少。为什么道离人很近，却没有人能够遵循呢？舍近求远，为什么要费这个力气呢？所以说，要爱惜自身，先了解一下自身的实际。普遍地观察宇宙万物，来验证身体内部。用这种方法掌握道的表现，就知道它的运行情况。已经知道道的运行情况，就要懂得涵养性情。往左往右，往前往后，周而复始地体验道。举行仪式，穿上礼服，恭敬地迎接来者。这个来者一定按照道的规律运行，不会改变也不会拖延，生命才能长久。和谐返于正中，使形体与精气相互保持。专一而无二意，这就叫懂得了道。将要行道，必须专一，然后坚定地贯彻下去。追问道的往来，没有人知道它的时间；求索于天，与天相约。只要不失约，就能得到它。所以说，我的话就像日月升到最高处一样，我并不吝惜它的光明，只是人们不付出努力去追求罢了。与道相同的就追从，与道相反的就拒斥。我考察了反则拒斥的现象，因此知道了同则相从是怎么一回事。

水　地

题解

“水地”作为篇名，源于文中“水者，地之血气”一句。文章不但论述了水是万物本原这个命题，还将水的性质、状貌与当地人民的心态习性相联系，并认为圣人教化的关键在于掌握当地的水性。

地者，万物之本原，诸生之根菀也[①]，美恶、贤不肖、愚俊之所生也。水者，地之血气，如筋脉之通流者也。故曰：水，具材也[②]。

何以知其然也？曰：夫水淖弱以清，而好洒人之恶[③]，仁也。视之黑而白，精也[④]。量之不可使概，至满而止，正也。唯无不流，至平而止，义也。人皆赴高，己独赴下，卑也。卑也者，道之室，王者之器也，而水以为都居[⑤]。

准也者[⑥]，五量之宗也。素也者，五色之质也。淡也者，五味之中也。是以水者，万物之准也，诸生之淡也，违非得失之质也。是以无不满，无不居也。集于天地而藏于万物，产于金石，集于诸生，故曰水神。集于草木，根得其度，华得其数，实得其量。鸟兽得之，形体肥大，羽毛丰茂，文理明著。万物莫不尽其几、反其常者[⑦]，水之内度适也。

注释

①菀：通“苑”，这里指处所。

②具材：具备众材。

③洒：洗。

④精：通“情”。

⑤都居：聚居的地方。

⑥准：古代测平的仪器。

⑦几：同“机”，生机。

译文

地，是万物的本原，是一切生命植根的地方，美、丑、贤、不肖、蠢愚和俊才都是由它产生的。水，是地的血气，就像人身上的筋脉一样贯通着。所以说，水，是具备一切的东西。

怎样知道水是这样的呢？回答是：水，柔绵清透，喜欢洗去人身的秽恶，这是仁；水看起来是黑色，实际上却是白色，这是忠诚；测量水不需要使用用来刮平的概，流满后自己就会停止，这是正直；水无处不流，平满为止，这是义；人们都往高处去，唯独水往低处流，这是谦卑。谦卑，是道的所在，是王者的利器，而水正是以谦卑作为它的聚居场所。

准，是各种量器的根据；白，是各种颜色的基础；淡，是各种味道的中心。所以，水是万物的根据，一切生命的中心，是非得失的基础。所以，没有水填充不满的东西，没有水不能停留的地方。它积聚在天上地下，藏贮于万物之中，在金石中出现，又内聚于一切生命身上，所以称它为水神。它聚积在草木之中，草木的根须深浅适度，花朵数目可观，果实收获累累。鸟兽得到水，就会形体肥大，羽毛丰满，纹理鲜明。万物没有不生机勃发并回归自然常态的，这是因为它们内部贮藏的水量适中的缘故。

夫玉之所贵者，九德出焉。夫玉温润以泽，仁也。邻以理者[①]，知也。坚而不蹷，义也。廉而不刿[②]，行也。鲜而不垢，洁也。折而不挠，勇也。瑕适皆见[③]，精也。茂华光泽，并通而不相陵，容也。叩之，其音清抟彻远，纯而不殺[④]，辞也[⑤]。是以人主贵之，藏以为宝，剖以为符瑞，九德出焉。

人，水也。男女精气合，而水流形。三月如咀[⑥]。咀者何？曰五味。五味者何？曰五藏[⑦]。酸主脾，咸主肺，辛主肾，苦主肝，甘主心。五藏已具，而后生内[⑧]。脾生隔，肺生骨，肾生脑，肝生革，心生肉。五内已具，而后发为九窍。脾发为鼻，肝发为目，肾发为耳，肺发为口，心发为下窍。五月而成，十月而生。生而目视，耳听，心虑。目之所视，非特山陵之见也，察于荒忽。耳之所听，非特雷鼓之闻也，察于啾啾。心之所虑，非特知于粗粗也，察于微眇。是以水集于玉而九德出焉。凝蹇而为人，而九窍五虑出焉⑨。此乃其精粗凝蹇能存而不能亡者也。

注释

①邻：通“粼”，清澈。

②刿guì：刺伤。

③适：善，优点。

④彀：混杂。

⑤辞：治，条理。

⑥如：而。咀：含味。

⑦五藏：同“五脏”。

⑧内：体内之物。

⑨五虑：五脏。

译文

玉之所以贵重，是因为它表现出九种品德。玉，湿润有光泽，这是仁；清澈有纹理，这是智；坚硬没有皱缩，这是义；清刚不刺伤人，这是品行；鲜活无污垢，这是纯洁；折弯不屈服，这是勇；瑕疵和优点都可以看到，这是诚实；华美和光泽互相融通却不抵牾，这是宽容；轻轻叩击，声音清扬远闻，纯一透彻，这是条理。所以，君主把玉看得很贵重，作为宝贝藏起来，还加工成吉祥的符瑞，玉的九种品德全都表现出来了。

人，也是水生成的。男女精气相合，由水流成人的形体。三个月的时候，他开始含味。含什么味呢？五味。五味是怎么一回事？用来生成五脏。酸主管脾，咸主管肺，辛主管肾，苦主管肝，甘主管心。五脏具备了，然后生出五内。脾生出膈膜，肺生出骨骼，肾生出大脑，肝生出皮肤，心生出肉。五内具备了，之后生发为九窍。脾生发为鼻，肝生发为目，肾生发为耳，肺生发为口，心生发为其他孔窍。五个月的时候形体长成，十个月的时候婴儿出生。出生后，目可以视，耳可以听，心可以思。眼睛可以看到的，不仅仅是高山丘陵，也可能是恍惚不清的东西。耳朵可以听到的，不仅仅是雷震鼓鸣，也可能是细小的声音。心所能想到的，不仅仅是大的事情，也可能是细微的琐事。所以，水聚集在玉中，生出九种品德。水凝聚滞留成为人，九窍五脏产生了。这就是水的精、粗、聚、留皆能存在而不会消亡的例子。

伏暗能存而能亡者，蓍龟与龙是也[①]。龟生于水，发之于火[②]，于是为万物先，为祸福正。龙生于水，被五色而游[③]，故神。欲小则化如蚕蠋[④]，欲大则函于天地，欲尚则凌于云气[⑤]，欲下则入于深泉。变化无日，上下无时，谓之神。龟与龙，伏暗能存而能亡者也。

或世见，或世不见者，生蚄与庆忌[⑥]。故涸泽数百岁[⑦]，谷之不徙，水之不绝者，生庆忌。庆忌者，其状若人，其长四寸，衣黄衣，冠黄冠，戴黄盖，乘小马，好疾驰，以其名呼之，可使千里外一日反报，此涸泽之精也。涸川之精者，生蚄。蚄者，一头而两身，其形若虵[⑧]，其长八尺，以其名呼之，可使取鱼鳖。此涸川水之精也。

是以水之精粗凝蹇，能存而不能亡者，生人与玉。伏暗能存而能亡者，蓍龟与龙。或世见或不见者，蚄与庆忌。故人皆服之[⑨]，而管子则之[⑩]。人皆有之，而管子以之[⑪]。

注释

①蓍shī龟：老龟。蓍，通“耆qí”。

②发之于火：在火上现出征兆的纹理。古代把龟甲放在火上灼烤，现出纹理后以供占卜。

③被：同“披”。

④蚕蠋：蚕蛹。

⑤尚：通“上”。

⑥蚄guǐ与庆忌：均为传说中的水生精怪。

⑦涸泽：长期滞留不动的水泽。涸，通“冱”，冻结。

⑧虵shé：蛇。

⑨服：适应，习惯。

⑩则：法。

⑪以：掌握，利用。

译文

潜伏在幽暗之中，既能生成也能隐没的，是老龟和龙。龟生长在水里，放在火上灼烤可用来占卜，于是便成为万物的先知，成为祸福的征验。龙生长在水里，身披五色而游动，所以成为神。它想变小，就化为像蚕蛹一样的虫子，想变大，就容纳整个天地，想往上就超越云气，想往下就潜入深泉。变化没有固定的日期，上下没有固定的时间，这就叫作神。龟和龙，是潜伏在幽暗之中既能生成又能隐没的例子。

有时在世间能够见到，有时在世间不能够见到的，是蛧和庆忌的产生。数百年滞留不动的水泽，山谷没有移位，水源没有断绝的地方，生长庆忌。庆忌，它的形状像人，身长四寸，穿着黄色衣服，戴着黄色帽子，打着黄色的华盖，骑着小马，喜欢快跑，叫它的名字，可以让它去千里之外的地方，一天之内返回来报告，这是涸泽中的精怪。滞留不动的河川中，生出来的是蛧。蛧，一个头两个身子，它的形状像蛇，长八尺，叫它的名字，可以让它捉取鱼鳖。这是涸川中的精怪。

因此，水的精、粗、聚、留，能存在却不能隐没的，是人和玉的产生；潜伏在幽暗之中能存在也能隐没的，是龟和龙；有时世间能见到，有时世间见不到的，是蛧和庆忌。人们都习惯了水，而只有管子去效法它；人们都占有了水，而只有管子去掌握、利用它。

是故具者何也[①]？水是也。万物莫不以生，唯知其托者能为之正。具者，水是也。故曰：水者何也？万物之本原也，诸生之宗室也，美恶、贤不肖、愚俊之所产也。

何以知其然也？夫齐之水遒躁而复[②]，故其民贪粗而好勇。楚之水淖弱而清，故其民轻果而敢。越之水浊重而洎[③]，故其民愚疾而垢。秦之水泔冣而稽[④]，淤滞而杂，故其民贪戾罔而好事齐[⑤]。晋之水枯旱而运[⑥]，淤滞而杂，故其民谄谀葆诈[⑦]，巧佞而好利。燕之水萃下而弱[⑧]，沈滞而杂[⑨]，故其民愚戆而好贞[⑩]，轻疾而易死。宋之水轻劲而清，故其民简易而好正。是以圣人之化世也，其解在水。故水一则人心正，水清则民心易。人心正则欲不污，民心易则行无邪。是以圣人之治于世也，不人告也，不户说也，其枢在水。

注释

①具者：具备一切的东西。

②复：盛。

③洎jì：浸润，这里指侵蚀土壤。

④泔冣zuì而稽：浓聚而迟滞。泔，淘米水。冣，积聚。

⑤罔：欺诈。事齐：杀伐。事，通“剚zì”，刺。齐，通“剪”，斩削。

⑥枯旱而运：苦涩而浑浊。枯旱，即“苦涩”。运，即“浑”。

⑦葆：包含，隐藏。

⑧下：沉淀。

⑨沈：通“沉”。

⑩戇zhuàng：刚直，愚直。

译文

因此，什么叫作具备一切的东西呢？水就是。万物没有不依靠水生存的，只有知道万物寄托于水才能证明这个道理。具备一切的，是水。所以说，水是什么？水是万物的本原，是一切生命的植根之处，美、恶、贤、不肖、愚蠢、智慧都是由它产生的。

凭什么知道是这样的呢？齐国的水湍急而盛大，所以齐国人贪婪、粗暴而好勇；楚国的水柔弱而清透，所以楚国人轻捷、果断而敢为；越国的水浊重而侵蚀土壤，所以越国人愚蠢、迅猛而有污垢；秦国的水浓聚而迟滞，淤浊而混杂，所以秦国人贪婪、残暴、欺诈而好杀伐；晋国的水苦涩而浑浊，滞积而混杂，所以晋国人谄谀而心存狡诈，巧佞而好财货；燕国的水聚结而微弱，沉滞而杂乱，所以燕国人愚朴、刚正而忠贞，鲁莽而不惧死亡；宋国的水强劲而清澈，所以宋国人淳厚、平易而崇尚正直。所以圣人教化人民，关键在于了解当地的水。水纯洁则人心正直,水清明则人心平易。人心正直就会使欲望不污浊，人心平易就会使行为不邪恶。所以圣人治理国家，不告诫别人，不劝说别人，关键在于掌握水的性质。

四　时

题解

四时，指春夏秋冬。本篇主要论述君主政令发布与阴阳四时之间的关系。作者认为，阴阳变化是天地的根本原理，四时运行是阴阳的根本法则，治理国家合于四时则福，违于四时则祸。这是古代阴阳家以阴阳四时规范人事的理论表现。

管子曰：令有时，无时则必顺天之所以来。五漫漫，六惛惛[①]，孰知之哉？唯圣人知四时。不知四时，乃失国之基。不知五谷之故，国家乃路[②]。故天信曰明[③]，地信曰圣，四时信曰正。其王信明圣，其臣乃正。何以知其王之信明信圣也？曰：慎使能而善听信。使能之谓明，听信之谓圣。信明圣者，皆受天赏。使不能为惛，惛而忘也者[④]，皆受天祸。是故上见成事而贵功，则民事接劳而不谋[⑤]。上见功而贱，则为人下者惰，为人上者骄。是故阴阳者，天地之大理也。四时者，阴阳之大经也。刑德者，四时之合也。刑德合于时则生福，诡则生祸。

注释

①五漫漫，六惽惽：混乱昏懵的样子。

②路：通“露”，败坏。

③信：诚实，明晰。

④忘：通“妄”，狂妄。

⑤接：通“捷”，迅捷。谋：借为“悔”。

译文

管子说，发布政令要符合四时的特点，不得时就要顺从天意自然。若对时历节令糊里糊涂，怎能知道这其中的道理？只有圣人才懂得四时。不懂得四时，就会失去立国的基础；不懂得五谷成长的规律，国家就会败亡。天按规律运行是明，地按规律运行是圣，四时按规律运行是正。君主做到真正的聪明和圣智，他的臣下就会执事端正。怎样才能知道君主真正聪明和真正圣智呢？回答说：谨慎地使用贤能并且善于听取诚信之人。使用贤能叫作聪明，听于诚信之人叫作圣智。真正做到聪明圣智的君主，都会得到上天的赏赐。使用无能之臣是昏庸，昏庸且狂妄的君主，都将遭受天降的灾祸。所以，君主看到事业成功而看重臣民的功劳，臣民就会勤勉劳作而不后悔。君主看到事业成功却瞧不起臣民的功劳，臣民就会懒惰，做君主的也将渐趋骄傲。所以，阴阳变化是天地的根本原理，四时运行是阴阳的根本法则，刑罚恩德必须符合四时。刑罚恩德符合四时就会造福，违背四时就会遭灾。

然则春夏秋冬将何行？

东方曰星，其时曰春，其气曰风，风生木与骨。其德喜嬴[①]，而发出节时[②]。其事：号令修除神位，谨祷弊梗[③]，宗正阳。治堤防，耕芸树艺，正津梁，修沟渎，甃屋行水[④]，解怨赦罪，通四方。然则柔风甘雨乃至，百姓乃寿，百虫乃蕃，此谓星德。星掌发，发为风。是故春行冬政则雕[⑤]，行秋政则霜，行夏政则欲[⑥]。是故春三月以甲乙之日发五政。一政曰：论幼孤，赦有罪。二政曰：赋爵列，授禄位。三政曰：冻解修沟渎，复亡人[⑦]。四政曰：端险阻，修封疆，正千伯[⑧]。五政曰：无杀麑夭[⑨]，毋蹇华绝萼[⑩]。五政苟时，春雨乃来。

注释

①嬴：通“赢”，盈余。

②节：适，符合。

③弊梗：破败且不顺利。弊，通“敝”。

④甃zhòu：用砖瓦修补。

⑤雕：通“凋”，凋落。

⑥欲：借为“飢jī”，极端疲乏。

⑦复亡人：给死者添修坟墓。

⑧千伯：通“阡陌”，田间的小路。

⑨麑夭：幼鹿。

⑩搴jiǎn：通“搴qiān”，拔，折。

译文

那么，春夏秋冬四时是怎样运行的呢？

东方是星，它的时节叫作春，它的气叫作风，风吹生树木和骨骼。春德喜欢生长，它按时节催生万物。要办的事情是：命令整修、清洁神位，祈祷免除破败和不顺利，宗奉正阳。治理堤防，耕地除草，种植树木，修整渡口桥梁，修通沟渠，修治房顶以利排水，解除怨恨，赦免罪犯，联络四方。这样，柔风甘雨就会到来，百姓就会长寿，动物就会繁殖，这是星德。星掌管发生，发生属于风。所以，春天实行冬天的政令，草木就会凋零；实行秋天的政令，霜冻就会出现；实行夏天的政令，人们就会困倦。因此，春季三个月，要在甲乙（属木）的日子发布五项政令。第一项政令是：评定年幼孤寡，赦免罪人；第二项政令是：给予爵位，授予俸禄；第三项政令是：解冻时修治沟渠，添修坟墓；第四项政令是：整修难行的道路，修缮边界，修正田间的界限。第五项政令是：不要捕杀幼鹿，不要采花折萼。五项政令如果按时节颁行，春雨就会到来。

南方曰日，其时曰夏，其气曰阳，阳生火与气。其德施舍修乐。其事：号令赏赐，赋爵受禄[①]，顺乡[②]，谨修神祀，量功赏贤，以助阳气。大暑乃至，时雨乃降，五谷百果乃登，此谓日德。日掌赏，赏为暑。夏行春政则风，行秋政则水，行冬政则落。是故夏三月以丙丁之日发五政。一政曰：求有功发劳力者而举之[③]。二政曰：开久积，发故屋，辟故窌以假贷[④]。三政曰：令禁扇去笠[⑤]，毋扱免[⑥]，除隐漏田庐[⑦]。四政曰：求有德赐布施于民者而赏之。五政曰：令禁罝设禽兽[⑧]，毋杀飞鸟。五政苟时，夏雨乃至也。

注释

①受：通“授”。

②顺：通“巡”。

③发：通“伐”，功绩。

④窌 jiào：地窖。

⑤禁扇去笠：告诫人们按时关门。扇，门。笠，门闩。

⑥扱 xī 免：挽起衣襟，丢掉帽子。

⑦隐漏：水井和地沟。

⑧罝 jū：网。

译文

南方是日，它的时节叫作夏，它的气叫作阳，阳产生火和气。夏德是施惠和修乐。要办的事情是：命令进行赏赐，给予爵位，授予俸禄，巡视乡里，谨慎地祭奉神灵，根据功绩赏赐贤才，以推动阳气上升。这样大暑才会到来，时雨才会降临，五谷百果才会丰收，这是日德。日掌管赏赐，赏赐属于暑。夏季执行春政就起大风，执行秋政就会雨水过多，执行冬政就会万物凋谢。所以夏季三个月应在丙丁（属火）的日子里发布五项政令。第一项政令是：调查有功绩和为国出力的人，把他们举荐提拔；第二项政令是：打开长期储蓄，发放以前仓库、地窖中的物品，把粮食借贷给人民；第三项政令是：下令禁止乱敞门户，不许挽敛衣襟，不能不带帽子，疏通水井和地沟，整修田舍；第四项政令是：调查向人民施惠布德的人，对他们进行奖赏；第五项政令是：下令禁止用网猎取禽兽，不要射杀飞鸟。五项政令如果按时节颁行，夏雨就会到来。

中央曰土，土德实辅四时入出，以风雨节，土益力。土生皮肌肤。其德和平用均，中正无私，实辅四时。春嬴育，夏养长，秋聚收，冬闭藏。大寒乃极[①]，国家乃昌，四方乃服，此谓岁德。岁掌和，和为雨。

西方曰辰，其时曰秋，其气曰阴，阴生金与甲。其德忧哀、静正、严顺[②]，居不敢淫佚。其事：号令毋使民淫暴，顺旅聚收[③]，量民资以畜聚。贾彼群干[④]，聚彼群材，百物乃收，使民毋怠。所恶其察，所欲必得，义信则克。此谓辰德。辰掌收，收为阴。秋行春政则荣，行夏政则水，行冬政则耗。是故秋三月以庚辛之日发五政：一政曰：禁博塞[⑤]，圉小辩，译跽斗[⑥]。二政曰：毋见五兵之刃。三政曰：慎旅农，趣聚收[⑦]。四政曰：补缺塞坼[⑧]。五政曰：修墙垣，周门闾。五政苟时，五谷皆入。

注释

①极：至。

②顺：通“慎”。

③顺旅：督促田野农人。顺，通“慎”。旅，田野中的农民。

④贾yǔn：通“陨”，坠落，这里指砍伐。

⑤博塞：赌博。

⑥译：通“释”，解除，排解。

⑦趣：督促。

⑧坼：裂口。

译文

中央是土，土德是辅助四时运行，使风雨有节度，地力得到增长。土生出皮肤肌肉，土德平和均匀，中正无私，辅助四时：它使春季生育，夏季成长，秋季聚敛收获，冬季闭户收藏。这样大寒就会到来，国家就会昌盛，四方于是顺从，这是岁德。岁掌管调和，调和属于雨。

西方是辰，它的时节是秋，它的气是阴，阴生成金和甲。秋德是忧虑哀愁、平静公正、严肃谨慎，所以居处不能过度放纵。要办的事情是：命令人民不能淫乱暴虐，督促田野中的农民秋收，根据人民资财进行征集；砍伐树木，收取木材，收纳各种财物，让人民不要懈怠；人民厌恶的事应当调查，人民渴望的事保证做到，信守道义取得成功，这是辰德。辰掌管收藏，收藏属于阴。秋季如果执行春政，就会万物繁荣，执行夏政就会雨水过多，执行冬政就会萧瑟。所以，秋季三个月在庚辛（属金）的日子发布五项政令。第一项政令是：禁止赌博，制止小事争辩，排解争斗；第二项政令是：不发动战争；第三项政令是：告诫闲游的农民，督促他们收割藏粮；第四项政令是：修补缺口，堵塞裂缝；第五项政令是：修缮墙垣，整饬门闾。五项政令如果按时节颁行，五谷就会丰登。

北方曰月，其时曰冬，其气曰寒，寒生水与血。其德淳越、温怒、周密。其事：号令修禁徙民，令静止，地乃不泄。断刑致罚，无赦有罪，以符阴气。大寒乃至，甲兵乃强，国家乃昌，四方乃犕[①]，此谓月德。月掌罚，罚为寒。冬行春政则泄[②]，行夏政则雷，行秋政则旱。是故冬三月以壬癸之日发五政。一政曰：论孤独，恤长老。二政曰：善顺阴，修神祀，赋爵禄，授犕位。三政曰：效会计[③]，毋发山川之藏。四政曰：摄奸遁[④]，得盗贼者有赏。五政曰：禁迁徙，止流民，圉分异。五政苟时，冬事不过[⑤]，所求必得，所恶必伏。

注释

①犕bèi：古“服”字。

②泄：地气流泄。

③效：考核。

④摄：拘捕。

⑤不过：没有过失。

译文

北方是月，它的时节叫作冬，它的气叫作寒，寒生水和血。冬德淳厚清扬、和顺宽恕、周到严密。要办的事情是：命令禁止修整迁徙，让人民安静稳定，地气才不会流泄。审断刑狱，实施处罚，不要赦免罪犯，以符合阴气的需要。这样大寒就会到来，军队才会强大，国家才会昌盛，四方才会顺服，这是月德。月掌管惩罚，惩罚是寒。冬季执行春政就会地气流泄，执行夏政就会雷电交作，执行秋政就会大地干旱。所以，冬季三个月在壬癸（属水）的日子里发布五项政令。第一项政令是：评定孤独，抚恤老人；第二项政令是：小心地顺应阴气，整修神灵祭祀之事，给予爵禄，授予官位；第三项政令是：考核财政收支，不许开发山川宝藏；第四项政令是：逮捕逃跑的犯人，对捉到盗贼的人进行奖赏；第五项政令是：禁止迁徙，制止流民，严禁分居离异。五项政令如果按时节颁行，冬季应做的事务就不会有过失，想得到的一定能得到，所厌恶的一定能制服。

是故春凋，秋荣，冬雷，夏有霜雪，此皆气之贼也[①]。刑德易节失次，则贼气遫至[②]，贼气遫至，则国多灾殃。是故圣王务时而寄政焉，作教而寄武[③]，作祀而寄德焉。此三者，圣王所以合于天地之行也。日掌阳，月掌阴，星掌和。阳为德，阴为刑，和为事。是故日食，则失德之国恶之。月食，则失刑之国恶之。彗星见，则失和之国恶之。风与日争明[④]，则失正之国恶之。是故圣王日食则修德，月食则修刑，彗星见则修和，风与日争明则修正[⑤]。此四者，圣王所以免于天地之诛也。信能行之，五谷蕃息，六畜殖，而甲兵强。治积则昌，暴虐积则亡。

注释

①贼：害。

②遬sù：通“速”。

③武：军事。

④争明：争胜。

⑤正：通“政”。

译文

所以，春季凋零，秋季繁荣，冬季雷鸣，夏天有霜雪，这些都是贼气。刑罚和德行改变了常规，失去了次序，贼气就会迅速降临；贼气迅速降临，国家就会多灾多祸。所以，圣王通过把握时节寄寓政令，通过推行教化来寄寓军令，通过设置祭祀来寄寓德政。这三个方面，是圣王为了适合天地运行规律所作出的决定。日掌管阳，月掌管阴，星掌管和。阳是德，阴是刑，和是政事。所以，日食出现，丧失德行的国家就厌恶它；月食出现，丧失刑罚的国家就厌恶它；彗星出现，丧失和谐的国家就厌恶它；风与日争胜，丧失政纪的国家就厌恶它。所以，圣王遇到日食就注意修德，遇到月食就整饬刑罚，遇到彗星就努力求中和，遇到风与日争胜就整顿纲纪。这四个方面，是圣王避免天地诛罚的原因所在。如果真正能做到这些，五谷就将繁茂，六畜就将繁殖，军队也会强大。长时间安定就会昌盛，长时间暴虐就会灭亡。

道生天地，德出贤人。道生德，德生正，正生事。是以圣王治天下，穷则反[①]，终则始。德始于春，长于夏。刑始于秋，流于冬[②]。刑德不失，四时如一。刑德离乡[③]，时乃逆行，作事不成，必有大殃。月有三政[④]，王事必理，以为久长。不中者死，失理者亡。国有四时，固执王事，四守有所[⑤]，三政执辅。

注释

①穷：走到尽头。反：通“返”。

②流：发展形成。

③乡：通“向”，方向。

④三政：指上文的“务时而寄政”“作教而寄武”“作祀而寄德”。

⑤四守：春夏秋冬应做的事情。

译文

道生成天地，德推出圣人。道生成德，德产生政令，政令产生事功。因此，圣王治理天下，走到尽头就返回开端，到了终点就重新开始。德开始于春天，生长于夏天；刑开始于秋天，流散于冬天。刑德没有失误，四时就能一如既往地运行。刑德偏离了方向，四时就要错乱，事情将不成功，一定会有大的灾祸。国家每月有三种政事，圣王一定要亲自处理，这样才可以长久。不符合三政，国家将衰败；不进行治理，国家将灭亡。国家拥有四时命令，坚决执行圣王的政事。春夏秋冬应做的事情各得其所，同时还要以三政作为辅助。

治国

题解

本篇主要论述农业生产对治理国家的重要性。为此，作者提出强本抑末，即努力增加粮食产量、禁止奢侈品生产的主张。在今天看来，这一观点有明显的不足，但在生产力较低的古代，强本抑末无疑是富国强民的唯一出路。

凡治国之道，必先富民。民富则易治也，民贫则难治也。奚以知其然也[①]？民富则安乡重家，安乡重家则敬上畏罪，敬上畏罪则易治也。民贫则危乡轻家[②]，危乡轻家则敢陵上犯禁[③]，陵上犯禁则难治也。故治国常富，而乱国常贫。是以善为国者，必先富民，然后治之。

注释

①奚：怎样。

②危：忧惧，不安心。

③陵：通“凌”，欺凌，侵犯。

译文

大凡治理国家的道理，一定要使人民富裕。人民富裕了就容易治理，人民贫困了就难以治理。怎么知道是这个样子呢？人民富裕了就会安心于乡里、看重家庭，安心于乡里、看重家庭就会尊重君主、畏惧刑罚，尊重君主、畏惧刑罚便容易治理。人民贫困了就不再安心于乡里、看重家庭，不安心于乡里，不看重家庭就敢于对抗君上、违法犯禁，敢于对抗君上、违法犯禁，当然难以治理了。因此得到治理的国家一定富裕，得不到治理的国家一定贫困。所以，善于治理国家的君主，一定先使人民富裕起来，然后再进行治理。

昔者，七十九代之君法制不一①，号令不同，然俱王天下者，何也？必国富而粟多也。夫富国多粟生于农，故先王贵之。凡为国之急者，必先禁末作文巧②，末作文巧禁则民无所游食③，民无所游食则必农。民事农则田垦，田垦则粟多，粟多则国富。国富者兵强，兵强者战胜，战胜者地广。是以先王知众民、强兵、广地、富国之必生于粟也，故禁末作，止奇巧而利农事。今为末作奇巧者，一日作而五日食④。农夫终岁之作，不足以自食也⑤。然则民舍本事而事末作。舍本事而事末作，则田荒而国贫矣。

注释

①七十九代之君：泛指上古历代君主。

②末作文巧：奢侈玩好物品的生产制作。

③游食：不务农而食。

④一日作而五日食：劳动一天所得之利可供五天享用。

⑤自食：自己养活自己。

译文

古时候的历代君主，制定的法度不一样，实施的号令也不相同，但都能称王天下，这是为什么呢？一定是国家富裕、粮食众多。国家富裕、粮食众多源于农业发展，所以古代圣王重视农业。凡是治理国家的急务，一定是禁止奢侈品的生产制作。禁止了奢侈品的生产制作，人民就不会出现不务农而食的现象，人民中没有不务农而食的现象，就必将从事农业生产。人民从事农业生产就会带来田野的开垦，田野开垦了粮食就会增多，粮食增多了国家就将富裕。富裕的国家军队就会强大，军队强大了作战就能取胜，作战能取胜土地就会广袤。因此，古代圣王知道人民众多、军队强大、土地广袤、国家富裕一定源自粮食生产，于是禁止工商末业，制止奢侈品以利于农业。现在，生产制作奢侈品的人，干一天的活就能赚够五天的生活费用。农夫辛苦劳作一年，也不足以自己养活自己。于是，人民都舍弃农业生产而从事了工商业。舍弃农业生产从事工商业，最终会使田野荒芜、国家贫困。

凡农者，月不足而岁有余者也①，而上征暴急无时，则民倍贷以给上之征矣②。耕耨者有时而泽不必足③，则民倍贷以取庸矣④。秋粜以五，春粜以束⑤，是又倍贷也。关市之租，府库之征，粟十一，厮舆之事⑥，此四时亦当一倍贷矣，故以上之征而倍取于民者四。夫以一民养四主，故逃徙者刑而上不能止者，粟少而民无积也。

常山之东，河汝之间，蚤生而晚杀⑦，五谷之所蕃孰也，四种而五获。中年亩二石，一夫为粟二百石。今也仓廪虚而民无积，农夫以粥子者⑧，上无术以均之也。故先王使农、士、商、工四民交能易作⑨，终岁之利无道相过也⑩。是以民作一而得均。民作一则田垦，奸巧不生。田垦则粟多，粟多则国富。奸巧不生则民治。富而治，此王之道也。

注释

①月不足而岁有余者：就每月而言，农民一直在劳作；就全年而言，方可能收入大于支出。

②倍贷：借一还二的高利贷。

③泽：雨水。

④取庸：雇用帮工。

⑤束：十。“秋粜以五，春粜以束”指商人而言。

⑥厮舆：劈柴与驾车的劳役。

⑦蚤生而晚杀：农作物开始生长的时间早，成熟凋落的时间晚。这里指天气温暖，适宜种植农作物。

⑧粥：通“鬻”，卖。

⑨交能易作：相互交换他们的产品。

⑩无道相过：找不到超越对方的途径。

译文

凡是农业，按月算收入不足，按年算收入有余。可是君主急征暴敛没有固定的时间，农民只好以借一还二的高利贷应付上面的征敛。耕种锄草按一定的时节进行，可雨水不一定充足，农民只好以借一还二的高利贷雇人来灌溉土地。商人秋天买粮的单价是五，春天卖出的单价是十，对于买粮的农民来说，这又是借一还二的高利贷。关市的租税，府库的征收，十分之一的粮税，各种劳役之事，一年四季把它们加起来，也相当于借一还二的高利贷。把以上的征敛加起来，成倍地索取农民的地方共有四处。这样，一个农民养活四个债主，尽管统治者对于逃离者施以刑罚，终不能制止，这是粮食少而人民没有积蓄的缘故。

常山以东，黄河汝水之间，农作物生长得早，成熟凋落得晚，是粮食高产的地方，四季皆能种植，五谷皆可丰收。中等年景一亩地产粮二石，一个农民可收入二百石粮食。现在，国家粮仓空虚，人民没有积蓄，农民卖儿卖女，是因为君主没有办法均衡人民的收入。所以古代圣王让农民、士人、商人、工匠相互交换各自的产品，一年下来，使他们各自的收入不会超过对方，因此农民得以专心从事农业生产而与其他各业保持均衡。农民专心从事农业生产就能使田野开垦，奸邪淫巧之事就不会发生。田野得到开垦粮食就会增多，粮食增多国家就会富裕。奸邪淫巧之事不发生，人民就得到治理。富裕且安定，这是成就王业的方法。

不生粟之国亡，粟生而死者霸[①]，粟生而不死者王。粟也者，民之所归也。粟也者，财之所归也。粟也者，地之所归也。粟多则天下之物尽至矣。故舜一徙成邑，二徙成都，参徙成国[②]。舜非严刑罚重禁令，而民归之矣，去者必害，从者必利也。先王者善为民除害兴利，故天下之民归之。所谓兴利者，利农事也。所谓除害者，禁害农事也。农事胜则入粟多[③]，入粟多则国富，国富则安乡重家，安乡重家则虽变俗易习、驱众移民，至于杀之而民不恶也。此务粟之功也。上不利农则粟少，粟少则人贫，人贫则轻家，轻家则易去，易去则上令不能必行，上令不能必行则禁不能必止，禁不能必止则战不必胜、守不必固矣。夫令不必行，禁不必止，战不必胜，守不必固，命之曰寄生之君[④]。此由不利农少粟之害也。粟者，王之本事也，人主之大务，有人之涂[⑤]，治国之道也。

注释

①死：生产与消费持平，没有剩余粮食。

②参：通“叁”，即三。

③胜：兴旺。

④寄生：暂时的，不能长久的。

⑤有人：聚集百姓。涂：通“途”。

译文

不生产粮食的国家要灭亡，生产了粮食却吃光用尽了的国家仅能称霸，生产了粮食而又吃不完用不尽的国家能成就王业。粮食，能吸引人民；粮食，能招引财富；粮食，能使土地得到开拓。粮食多，天下的财物都会到来。所以，舜第一次率民迁徙发展农耕建成邑，第二次率民迁徙建成都，第三次率民迁徙建成国。舜没有采用严刑重罚和禁令，人民却都来依附他，这是因为离开他必然受害，追随他必然有利的缘故。先王善于为人民除害兴利，所以天下的人民都归附他。所谓兴利，指的是发展农业；所谓除害，指的是禁止并除去有害于农业的因素。农业生产发达了，粮食收入就增多；粮食收入增多，国家就富裕；国家富裕了，人民就安居于乡里、看重家庭；安居于乡里、看重家庭，即使改变他们的风俗和习性，驱使他们，调遣他们，甚至有所刑杀，人民也不会憎恶。这是致力于粮食生产的功效。君主不努力发展农业生产，粮食就会减少，粮食减少人民就将贫困，人民贫困就会看轻家庭，看轻家庭就会轻易离开家园，轻易离开家园则君主的命令就会有所不行，君主的命令有所不行则君主的禁令就做不到发而必止，禁令做不到发而必止则战争就做不到发而必胜，防守就做不到防而必固。君主的命令有所不行，禁令不能必止，战争不能必胜，防守不能必固，这叫作寄生之君。这些都是由于不发展农业、粮食缺少所带来的危害。所以，粮食生产是成就王业的根本大事，是国君的重大任务，是招引民众的途径，是治理国家的方法。

内业

题解

内业，即内心修养的功夫。作者认为，精气是人的生命与意识的本原，精气的存在与否，决定着人的生死存亡。保持精气的方法，在于内心虚静、安定与专注。此外，作者还谈到饮食、运动对于生命的重大意义，发语精警。

凡物之精[①]，比则为生[②]。下生五谷，上为列星。流于天地之间，谓之鬼神。藏于胸中，谓之圣人。是故此气，杲乎如登于天[③]，杳乎如入于渊[④]，淖乎如在于海[⑤]，卒乎如在于己[⑥]。是故此气也，不可止以力，而可安以德。不可呼以声，而可迎以意。敬守勿失，是谓成德，德成而智出，万物毕得。

凡心之刑[⑦]，自充自盈，自生自成。其所以失之，必以忧乐喜怒欲利。能去忧乐喜怒欲利，心乃反济。彼心之情，利安以宁，勿烦勿乱，和乃自成[⑧]。折折乎如在于侧[⑨]，忽忽乎如将不得[⑩]，渺渺乎如穷无极。此稽不远[⑪]，日用其德。

注释

①精：精气。

②比：合，结合。

③杲：明亮。

④杳：幽暗。

⑤淖：湿润。

⑥卒：通“崒”，高大、高峻。己：郭沫若说：“‘己’读为屺亦可，山无草木曰屺。”

⑦刑：通“形”，形体。

⑧和：内心和谐。

⑨折折：通“晢zhé晢”，明亮。

⑩忽忽：恍惚。

⑪稽：考察，寻找。

译文

大凡物的精气，结合起来才会有生机。它在大地上生出五谷，在天上生出群星。它流动在天地之间，被称作鬼神；隐藏在人们胸中，被称作圣人。因此这种精气，明亮的样子就像升上苍天，幽暗的样子就像潜入深渊，湿润的样子就像浸入大海，高峻的样子就像耸立山巅。所以这种精气，用力气留不住它，却可以用德性来安顿；用声音喊不住它，却可以用诚意迎接它。恭敬地守护而不让它丢失，这就叫作成就德行。德行成就了而智慧自生，这样对万事万物就都能理解掌握了。

大凡心的形体，本身就能自我充实自我圆满，自我生长自我成就。它之所以有所损伤，一定是由于忧、乐、喜、怒、嗜欲和贪利。能够排除忧、乐、喜、怒、嗜欲和贪利，内心就会返回到完满的状态。心的特性，喜欢安定宁静，不烦不乱。只要和谐，自然能够达到这种状态。它明亮的样子好像就在身边，恍惚的样子又好像寻找不到，遥远的样子好像追寻不到尽头。考察它实际上不用走很远，因为我们每天都在享用它的恩德。

夫道者，所以充形也，而人不能固[①]。其往不复，其来不舍。谋乎莫闻其音[②]，卒乎乃在于心。冥冥乎不见其形，淫淫乎与我俱生[③]。不见其形，不闻其声，而序其成[④]，谓之道。

凡道无所，善心安爱。心静气理，道乃可止。彼道不远，民得以产[⑤]。彼道不离，民因以知。是故卒乎其如可与索，眇眇乎其如穷无所[⑥]。彼道之情，恶音与声，修心静意，道乃可得。道也者，口之所不能言也，目之所不能视也，耳之所不能听也，所以修心而正形也。人之所失以死，所得以生也，事之所失以败，所得以成也。凡道无根无茎，无叶无荣[⑦]。万物以生，万物以成，命之曰道。

天主正，地主平，人主安静。春秋冬夏，天之时也。山陵川谷，地之枝也[⑧]。喜怒取予，人之谋也[⑨]。是故圣人与时变而不化，从物而不移。能正能静，然后能定。定心在中，耳目聪明，四枝坚固[⑩]，可以为精舍[11]。精也者，气之精者也。气，道乃生[12]，生乃思，思乃知，知乃止矣。凡心之形，过知失生[13]。

注释

①固：固守。这里指固守前面的“道”。

②谋：通“谟”，寂静。

③淫淫：渐进。

④序：依次，顺序。

⑤产：生长。

⑥穷：追寻。

⑦荣：花。

⑧枝：旁出的东西。

⑨谋：谋虑，思想。

⑩枝：通“肢”。

⑪精舍：精气的寓所。

⑫道：通“导”，通达。

⑬过知失生：求知过多，失去生机。

译文

道，是用来充实心的形体的，而人们往往不能将它固守。它走开了就不再回来，到来时却又不肯居住。寂静的样子听不到它的声音，高大的样子仿佛就在心中，昏暗的样子看不见它的形体，渐进的样子仿佛与我们一起生长。看不见它的形体，听不到它的声音，却有条不紊地促使万物成长，这就是道。

大凡道没有固定的场所，只要有善爱之心，心静气顺，道就可以停留下来。道离我们不远，人们得到它就能生长；道不离开我们，人们依靠它得到智慧。道，高大的样子，似乎可以寻找到；渺茫的样子，似乎又寻觅不到它的处所。道的情性，厌恶声音言语。修养内心，平定意志，才能得到道。道，是口不能言说的东西，是眼睛不能看到的东西，是耳朵不能听到的东西，它是用来修养内心端正形体的。人们失去它就会死亡，得到它就会生长。事业失去它就会失败，得到它就会成功。大凡道没有根没有茎，没有叶子没有花朵。但万物依靠它生长，依靠它成功。给它取个名字叫道。

天在于正，地在于平，人在于内心安静。春秋冬夏，这是天的时令；山陵川谷，这是地的物材；喜怒取予，这是人的谋虑。圣人认可时令变化而自己却不变化，听任外物变化而自己却坚守不移。能正能静，然后才能内心安定。安定的心在里面，其耳目就能聪明，其四肢就能坚固，于是可以成为精气的寓所。精，是气中的精华。气，通达了将产生生命，有了生命就有思想，有了思想就有知识，有了知识就应该停止了。凡是心的形体，求知过多就会失去生机。

一物能化谓之神[①]，一事能变谓之智。化不易气，变不易智，唯执一之君子能为此乎！执一不失，能君万物。君子使物[2]，不为物使，得一之理。治心在于中[3]，治言出于口，治事加于人，然则天下治矣。一言得而天下服[4]，一言定而天下听，此之谓也。

形不正，德不来，中不静，心不治。正形摄德[5]，天仁地义，则淫然而自至。神明之极[6]，照知万物[7]。中守不忒[8]，不以物乱官，不以官乱心，是谓中得。

有神自在身，一往一来，莫之能思。失之必乱，得之必治。敬除其舍，精将自来。精想思之[9]，宁念治之[10]，严容畏敬，精将至定[11]。得之而勿舍，耳目不淫，心无他图。

注释

①一：执着专一。

②使：役使。

③治：修养。

④得：得当。

⑤摄：整饬。

⑥神明：认识能力。

⑦照：通“昭”，清楚，明白。

⑧忒：差错。

⑨精想：精诚专一地思考。

⑩宁念：平息欲念。

⑪至定：极为安定。

译文

对事物保持专一而达到出神入化叫作神，对事情保持专一而达到随心所欲叫作智。出神入化而不改变精气，随心所欲而不改变心智，只有执着专一的君子才能做到。执着专一而不放松，就能统率万物。君子役使万物，而不被万物役使，是因为把握了专一的道理。内中有个修养好了的心，口里说出整理好了的话，加于民众的是安排好了的事，这样天下就能治理好。所谓一句话得当而使天下人顺服，一句话在理而使天下人听从，就是这个道理。

形体不端正，德性不会到来；内中不安静，心就修养不好。端正形体整饬德性，像天仁地义一样，精气就会连续不断地到来。认识能力的最高境界，是明彻地洞知万物。内心守静不出差错，不让外物扰乱五官，不让五官扰乱内心，这就叫作心有所得。

人的身体之中本来有道的存在，它一来一往，不可揣度。失去道，身心一定纷乱；得到道，身心一定安定。恭敬地把心中的杂念扫除干净，精气自然就会到来。精诚专一地思考并记住它，平息杂念理顺它，严整容貌保持敬畏，精气将极为安定。得到精气而不舍弃，耳目就不会淫乱，内心也不会充斥其他的欲念。

正心在中，万物得度。道满天下，普在民所，民不能知也。一言之解，上察于天[①]，下极于地，蟠满九州。何谓解之？在于心安。我心治，官乃治，我心安，官乃安。治之者心也，安之者心也。心以藏心，心之中又有心焉。彼心之心，意以先言。意然后形，形然后言，言然后使，使然后治。不治必乱，乱乃死。

精存自生，其外安荣[②]，内藏以为泉原，浩然和平，以为气渊。渊之不涸，四体乃固；泉之不竭，九窍遂通。乃能穷天地，被四海。中无惑意，外无邪灾。心全于中，形全于外，不逢天灾，不遇人害，谓之圣人。

人能正静，皮肤裕宽，耳目聪明，筋信而骨强。乃能戴大圜[③]，而履大方[④]，鉴于大清，视于大明。敬慎无忒，日新其德，遍知天下，穷于四极。敬发其充，是谓内得。然而不反，此生之忒。

注释

①察：通“际”，至。

②外：形体。安：乃。

③大圜yuán：天。

④大方：地。

译文

平正的心在里面，衡量万物才能把握好尺度。道洒满天下，普遍存在于人们身边，人们却不能认识它。只需要一句话的解释，就能上达于天，下至于地，而且看到它布满九州。解释它的这句话是什么呢？就在于心能平定。我的心平定，五官就平定，我的心安静，五官就安静。平定要靠心，安静也要靠心。心中隐藏一颗心，心里面又有一颗心。那颗心里面的心，先形成意念，再形成言语。意念之后产生概念，概念之后用语言表述，语言说清之后见诸行动，行动之后事物才得到治理。得不到治理必然混乱，混乱将导致死亡。

精气存在，人就会自然生长，他的形体才有光泽。精气聚集在体内，将成为泉源，浩大和平，形成精气的渊源。渊源不干涸，四肢才会坚固。泉源不枯竭，九窍才能通达。这样才能够全面认识天地，遍察四海。内心没有迷惑，形体就没有灾难。内在之心完满，外在形体健全，不会遭受天灾，不会遭遇人祸，这叫作圣人。

人若能保持正和静，皮肤就会丰满，耳目就会聪明，筋骨就会舒展强壮。于是能够头顶苍天，脚踏大地，心像镜子一样清澈，眼睛像日月一样明亮。恭敬谨慎没有差错，德性将与日俱新，将遍知天下万物，通晓四方奥秘。恭敬地发展内部的精气，这叫作内心有所得。假如人们不能返回这样的状态，那是生活上的差错造成的。

凡道，必周必密，必宽必舒，必坚必固，守善勿舍，逐淫泽薄[①]。既知其极[②]，反于道德。

全心在中，不可蔽匿，知于形容[③]，见于肤色。善气迎人，亲于弟兄。恶气迎人，害于戎兵[④]。不言之声，疾于雷鼓。心气之形，明于日月，察于父母。赏不足以劝善，刑不足以惩过。气意得而天下服，心意定而天下听。

抟气如神[⑤]，万物备存。能抟乎？能一乎？能无卜筮而知吉凶乎？能止乎？能已乎？能勿求诸人而得之己乎？思之，思之，又重思之。思之而不通，鬼神将通之。非鬼神之力也，精气之极也。

四体既正，血气既静，一意抟心，耳目不淫，虽远若近。思索生知，慢易生忧，暴傲生怨，忧郁生疾，疾困乃死。思之而不舍，内困外薄[⑥]。不早为图，生将巽舍[⑦]。食莫若无饱，思莫若勿致[⑧]。节适之齐[⑨]，彼将自至。

注释

①泽：通“释”，舍弃。

②既：尽。

③知：显现。

④戎兵：凶器。

⑤抟：古“专”字，这里指凝聚。

⑥薄：通“迫”。

⑦巽xùn：通“逊”，退让。

⑧致：极。

⑨齐：适中。

译文

凡道，一定是周全细密，一定是宽大舒展，一定是坚实强固。坚守为善不舍弃，驱逐淫邪放弃轻薄。充分领会道的最高境界，就可以回归道的德性。

健全的心在内部，外面是隐蔽不了的，它显现于人的形体容貌，也表现于人的肌肤颜色。以善气迎接别人，就会觉得像亲兄弟一样；以恶气迎接别人，它的害处就像是凶器一样。不用言语表达的声音，比雷鼓还要迅猛；心中精气所表达的形象，比日月还要明亮，比父母观察子女还要清透。赏赐不足以勉励行善，刑罚不足以惩处过失，懂得了精气，天下才会顺服，安定了内心，天下才会听从。

凝聚精气像神明一样，万物就会存纳于心中。能凝聚吗？能专一吗？能不进行占卜就知道吉凶吗？能适可而止吗？能想停就停吗？能不求人而自己解决吗？思考，思考，再重新思考。思考了还不通达，鬼神将为你疏通。这不是鬼神的力量，是精气发挥到极致的结果。

人的四体既已端正，血气既已平静，心意专一，耳目不乱，远方的事物就像近在身边。思索产生智慧，懈怠疏忽产生忧患，残暴骄傲产生怨恨，忧郁产生疾病，疾病胁迫导致死亡。思索而不停止，将会使内心困顿，形体受迫害。如果不早一点想办法停止，生命将离开形体。吃东西没有比吃得不饱更好的，思考没有比不要过度更好的。调节适当，生命自然会到来。

凡人之生也，天出其精，地出其形，合此以为人。和乃生，不和不生。察和之道，其情不见，其征不丑[①]。平正擅匈[②]，论治在心。此以长寿。忿怒之失度，乃为之图。节其五欲[③]，去其二凶[④]，不喜不怒，平正擅匈。

凡人之生也，必以平正。所以失之，必以喜怒忧患。是故止怒莫若诗，去忧莫若乐，节乐莫若礼，守礼莫若敬，守敬莫若静。内静外敬，能反其性，性将大定。

凡食之道，大充[⑤]，伤而形不臧[⑥]。大摄[⑦]，骨枯而血沍[⑧]。充摄之间，此谓和成。精之所舍，而知之所生，饥饱之失度，乃为之图。饱则疾动，饥则广思[⑨]，老则长虑[⑩]。饱不疾动，气不通于四末。饥不广思，饱而不废[⑪]。老不长虑，困乃速竭[⑫]。

大心而敢，宽气而广。其形安而不移，能守一而弃万苛[⑬]。见利不诱，见害不惧，宽舒而仁，独乐其身，是谓灵气[14]，意行似天。凡人之生也，必以其欢。忧则失纪，怒则失端[15]。忧悲喜怒，道乃无处。爱欲静之，遇乱正之[16]。勿引勿推，福将自归。彼道自来，可藉与谋。静则得之，躁则失之。灵气在心，一来一逝。其细无内，其大无外。所以失之，以躁为害。心能执静，道将自定。得道之人，理丞而毛泄[17]，匈中无败。节欲之道，万物不害。

注释

①征：征兆。丑：类比。

②匈：通“胸”。

③五欲：耳目口鼻心五种感官欲望。

④二凶：喜与怒。

⑤大充：吃得过饱。

⑥臧：善，好。

⑦大摄：吃得太少。摄，收敛。

⑧冱hù：凝闭，停滞。

⑨广：通“旷”，停止。

⑩长：重视、珍惜。

⑪废：止住。

⑫困：这里指身体。

⑬苛：骚扰。

⑭灵气：即精气。

⑮端：头绪。

⑯遇：通“愚”。

⑰丞：通“蒸”。

译文

凡人的生命，是由天赋予它精气，地赋予它形体，两者结合成为人。两者调和就有生机，两者不调和就没有生机。观察调和的规律，它的真实情况看不到，它表现出的特点也无法类比。平和中正充满心中，不断地修养，凭此就可以长寿。愤怒失去了分寸，就设法调整。节制耳目口鼻心的五种欲望，摒除喜怒两种情绪。若能做到不喜不怒，平和中正自然充满心中。

凡人的生命，一定要依靠平和中正。人们之所以失去它，一定是因为有喜怒忧患。所以，制止愤怒没有比得上诗歌的，排除忧患没有比得上音乐的，节制喜乐没有比得上守礼的，而守礼没有比得上守敬的，守敬没有比得上虚静的。内心虚静，外表守敬，就能返回到本性。这样，本性将得到最大的安定。

凡饮食的规律：吃得太饱，就会伤害精气且身体不健康；吃得太少，就会骨枯血滞。多少适中，这叫作中和有益。精气有所寄托，智慧就会生成。一饥一饱失去分寸，就要设法调整。吃得太饱就赶快运动，吃得太少就停止思索，年老了就应该珍惜思虑。吃得太饱不赶快运动，血气就到达不了四肢；吃得太少不停止思索，即使饱食也不会止住饥饿；年老了不珍惜思虑，躯体就会加速枯竭。

心志广大果敢，宽容包纳，形体安定不游移，保持专一而摆脱各种骚扰，见利不被引诱，见害毫不畏惧，宽缓舒松而仁慈，自身独得其乐，这就是精气的作用，它的运行没有任何踪迹。凡人的生命，一定要保持乐观。忧虑会失去条理，愤怒会失去头绪。若是忧虑、悲愤、欢喜、愤怒充斥心中，道就没地方安处。有了爱欲之情要将它平息，有了愚乱之象要将它改正。不要人为地引来推去，福气将自然到来。道自然地到来，可借助它谋划事物。心虚静就能得到道，急躁就会失去道。精气在人的心中，一来一往，飘忽不定。它小到容纳不了任何东西，又大到没有边际。人们之所以丧失精气，是因为被焦躁所害。如果心能保持虚静，道将自然地安定下来。得到道的人，一切邪气都会从肌理、毛孔蒸发排泄出去，胸中没有任何败坏之物。若能遵循节制欲望这个养生之道，人就不会受到任何外物的侵害。

小 问

题解

本篇主要记载桓公与管仲之间的问答。每一次问答均独立成篇，可以看作是后人摭拾的有关管仲的遗闻轶事。本篇是选译。

桓公问管仲曰："寡人欲霸，以二三子之功[①]，既得霸矣。今吾有欲王[②]，其可乎。"管仲对曰："公当召叔牙而问焉。"鲍叔至,公又问焉。鲍叔对曰："公当召宾胥无而问焉。"宾胥无趋而进，公又问焉。宾胥无对曰："古之王者，其君丰[③]，其臣杀[④]。今君之臣丰。"公遵遁[⑤],缪然远[⑥],二三子遂徐行而进。公曰："昔者大王贤[⑦]，王季贤[⑧]，文王贤，武王贤。武王伐殷克之，七年而崩，周公旦辅成王而治天下，仅能制于四海之内矣。今寡人之子不若寡人，寡人不若二三子。以此观之，则吾不王必矣[⑨]。"

注释

①以：因。

②有：通"又"。

③丰：德厚。

④杀：德薄。

⑤遵遁：通“逡巡”，退却的样子。

⑥缪mù：通“穆”，严肃。

⑦大王：古公亶父，周文王的祖父。

⑧王季：季历，周文王的父亲。

⑨王：称王。

译文

桓公问管仲说：“我想成就霸业，凭借你们二三人的努力，已经实现了。现在我想成就王业，可以得到吗？”管仲回答说：“你应当把鲍叔牙召来问一下。”鲍叔牙到了，桓公又问这个问题。鲍叔牙回答说：“你应当把宾胥无召来问一下。”宾胥无快步走到跟前，桓公又问这个问题。宾胥无回答说：“古代成就王业的，君主德厚，臣子德薄，现在您的臣子德厚。”桓公逡巡后退，肃然离开座位。管仲等三个人就慢慢地走上前去。桓公说：“以前，周大王贤明，王季贤明，文王贤明，武王贤明。武王攻伐商纣王取胜之后，过了七年驾崩。周公旦辅助成王治理天下，这才仅仅控制了四海。现在我的儿子比不上我，我又比不上你们三个人。由此看来，我不能成就王业，是必然的了。”

桓公曰：“我欲胜民[1]，为之奈何？”管仲对曰：

“此非人君之言也。胜民为易。夫胜民之为道，非天下之大道也。君欲胜民，则使有司疏狱[②]，而谒有罪者偿[③]，数省而严诛[④]。若此，则民胜矣。虽然，胜民之为道，非天下之大道也。使民畏公而不见亲，祸亟及于身[⑤]。虽能不久，则人持莫之弑也[⑥]，危哉。君之国岌乎[⑦]。”

桓公观于厩，问厩吏曰：“厩何事最难？”厩吏未对，管仲对曰：“夷吾尝为圉人矣，傅马栈最难[⑧]。先傅曲木，曲木又求曲木，曲木已傅，直木无所施矣。先傅直木，直木又求直木，直木已傅，曲木亦无所施矣。”

桓公践位，令衅社塞祷[⑨]。祝凫已疵献胙[⑩]，祝曰：“除君苛疾与君之多虚而少实。”桓公不说[⑪]，瞋目而视祝凫已疵。祝凫已疵授酒而祭之曰：“又与君之若贤。”桓公怒，将诛之，而未也。以复管仲，管仲于是知桓公之可以霸也。

注释

①胜：制服。

②疏狱：按条记录、梳理案件。

③谒：告发，揭发。偿：通“赏”。

④数省：多察看。

⑤亟：迅速，快。

⑥弑：通“试”，用。

⑦岌：危险。

⑧傅：通“附”，编排。马栈：养马的栅栏。

⑨衅社：用血祭祀土神。塞：通“赛”，酬谢神的祭祀。

⑩祝凫已疵：祝史凫已疵。祝，祝史，主管祭祀的官员。凫已疵，祝史的姓名。胙：祭肉。

⑪说：同“悦”。

译文

桓公说：“我想制服人民，该怎么做呢？”管仲回答说：“这不是君主应该说的话。制服人民很容易。但制服人民这种方法，不是治理天下的正确方法。您如果想制服人民，就让有司梳理案件，对揭发罪行的人实施奖赏，经常审查，严加刑罚。做到以上几点，就能制服人民了。虽然这样，制服人民这种方法，不是治理天下的正确方法。如果使人民畏惧您且不觉得您亲近，灾祸很快就会来到您的身边。虽然您制服了人民，但不会长久。因为人民观望不前，并不为您所用。危险啊，您的国家岌岌可危啊！”

桓公视察马厩，问管理马厩的官吏说：“在马厩里，什么事情最难做？”管理马厩的官吏还没来得及回答，管仲接上说：“我曾经当过管理马匹的小官，编排木料围成马栈这件事最难做。如果先编排弯曲的木料，弯曲的木料又要搭配弯曲的木料。弯曲的木料既已编排上去，笔直的木料就无法使用了。如果先编排笔直的木料，笔直的木料又要搭配笔直的木料。笔直的木料既已编排上去，弯曲的木料也就无法使用了。”

桓公即位，下令血祭土神酬谢祷告。祝史凫已疵献上祭肉，说：“请除去国君苛刻烦琐和多虚少实的缺陷。”桓公很不高兴，瞪起眼睛看着祝史凫已疵。祝史凫已疵又斟酒祭祀说：“再除掉国君似贤非贤的缺陷。”桓公大怒，打算杀掉祝史凫已疵，但终究没有这样做，并把这件事告知管仲。于是管仲知道桓公可以成就霸业。

桓公乘马，虎望见之而伏。桓公问管仲曰：“今者寡人乘马，虎望见寡人而不敢行，其故何也？”管仲对曰：“意者君乘驳马而洀桓[①]，迎日而驰乎？”公曰：“然。”管仲对曰：“此驳象也[②]。驳食虎豹，故虎疑焉。”

楚伐莒，莒君使人求救于齐。桓公将救之，管仲曰：“君勿救也。”公曰：“其故何也？”管仲对曰：“臣与其使者言，三辱其君，颜色不变。臣使官无满其礼三强[③]，其使者争之以死。莒君，小人也。君勿救。”桓公果不救而莒亡。

桓公放春[④]，三月观于野。桓公曰：“何物可比于君子之德乎？”隰朋对曰：“夫粟，内甲以处，中有卷城[⑤]，外有兵刃。未敢自恃，自命曰粟，此其可比于君子之德乎！”管仲曰：“苗，始其少也，眴眴乎何其孺子也[6]！至其壮也，庄庄乎何其士也！至其成也，由由乎兹免[7]，何其君子也！天下得之则安，不得则危，故命之曰禾。此其可比于君子之德矣。”桓公曰：“善。”

注释

①意者：大概。驳：马毛颜色不纯。洀pán桓：盘旋。洀，古“盘”字。

②驳：兽名，形状像马，食虎豹。

③三强：三串钱。强，通“镪qiǎng”，钱贯。

④放春：春游。

⑤卷：通“圈”。

⑥眴xún眴：通“恂恂”，柔顺的样子。

⑦由由：通“油油”，和悦恭敬的样子。兹免：更加俯首。兹，益。免，俯。

译文

桓公骑着马，老虎看到后立刻潜藏起来。桓公问管仲说：“今我骑马，老虎看到后不敢再往前走，这是什么原因呢？”管仲回答说：“您是不是骑着颜色不纯的马在路上盘旋，迎着太阳的方向奔跑？”桓公说：“是。”管仲回答说：“这是驳兽的形象。驳兽专吃虎豹，所以老虎感到疑惧。”

楚国攻伐莒国，莒国国君派人向齐桓公求救。桓公打算派兵，管仲说：“您不要救他。”桓公说：“这是为什么呢？”管仲回答说：“我同莒国的使者谈话，我连续三次侮辱莒国国君，他却面不改色。我让负责接待的官员故意在他的赠礼上扣减了三串钱，这个使者便以死相争。莒国国君，看来是个小人。您不要去救他。”桓公果然不派兵援救，莒国就灭亡了。

桓公外出春游，三月天在田野观光。桓公说：“什么东西能与君子的德性相比？”隰朋回答说：“粟粒，身在甲壳之中，中间有圈城保护，外面有尖锐的芒刺。它不敢自恃强大，自己命名为微小的颗粒——粟。这也许可与君子的德性相比吧。”管仲说：“禾苗，开始生长时很弱小，柔顺得像个稚嫩的孩子。到它长大的时候，严肃庄重得像个士人。到他成熟的时候，和悦恭敬，且俯首弯向根部，这多么像个君子啊。天下人得到它就安定，得不到它就危险，所以给它起个名字叫禾。禾大概可与君子的德性相比吧。”桓公说：“说得好啊。”

桓公北伐孤竹，未至卑耳之溪十里，阚然止，瞠然视，援弓将射，引而未敢发也，谓左右曰：“见是前人乎？”左右对曰：“不见也。”公曰：“事其不济乎？寡人大惑。今者寡人见人长尺而人物具焉[①]，冠，右祛衣，走马前疾。事其不济乎？寡人大惑。岂有人若此者乎？”管仲对曰：“臣闻登山之神有俞儿者，长尺而人物具焉。霸王之君兴，而登山神见。且走马前疾，道也。祛衣，示前有水也。右祛衣，示从右方涉也。”至卑耳之溪，有赞水者曰[②]：“从左方涉，其深及冠。从右方涉，其深至膝。若右涉，其大济。”桓公立拜管仲于马前曰[③]：“仲父之圣至若此，寡人之抵罪也久矣。”管仲对曰：“夷吾闻之，圣人先知无形[④]。今已有形，而后知之，臣非圣也，善承教也。”

桓公使管仲求宁戚[⑤]，宁戚应之曰：“浩浩乎。”管仲不知，至中食而虑之。婢子曰：“公何虑？”管仲曰：“非婢子之所知也。”婢子曰：“公其毋少少[⑥]，毋贱贱[⑦]。昔者吴干战[⑧]，未龀不得入军门[⑨]。国子擿其齿[⑩]，遂入，为干国多。百里奚，秦国之饭牛者也，穆公举而相之，遂霸诸侯。由是观之，贱岂可贱，少岂可少哉？”管仲曰：“然，公使我求宁戚，宁戚应我曰：‘浩浩乎。’吾不识。”婢子曰：“诗有之：‘浩浩者水，育育者鱼[⑪]，未有室家，而安召我居？’宁子其欲室乎[⑫]？”

注释

①长尺：一尺长。人物具：具备人的形象。

②赞水：引导渡水。

③立拜：站在地上拜。

④先知无形：在事物还没有显现时就已经知道。

⑤求：征召。

⑥少少：轻视年少者。

⑦贱贱：鄙视低贱者。

⑧干：古国名，亦作“邗hán”。

⑨龀chèn：儿童更换牙齿，即脱去乳牙，长出恒齿。

⑩挝zhuā：摘取。

⑪育育：游动自如的样子。

⑫欲室：想成家。

译文

桓公北伐孤竹国，走到离卑耳溪还有十里的地方，突然停下来，他睁大眼睛往前看，取弓搭箭打算射击，却又引而未发。桓公对左右两边的人说：“你们看见前面这个人了吗？”左右回答说：“没有看到。”桓公说：“事情难道不成功吗？我非常困惑。现在我看见有个一尺长的人，具有人的体貌。他戴着帽子，右手撩起衣襟，飞快地跑在我的马前。事情恐怕不成功吧？我非常困惑。怎么会有人长成这个样子呢？”管仲回答说：“我听说登山神有个叫俞儿的，身长一尺而人的形貌齐全。霸王之君将要兴起时，登山神就会出现。他飞快地跑在马前，表示前面有道路。撩起衣襟，表示前面有水。右手撩衣，表示从右边渡水。”到了卑耳溪，有个引渡的人说：“从左边渡水，水深及头顶；从右边渡水，水仅及膝盖。如果从右边渡水，那是最好的。”桓公在马前向管仲下拜说："仲父的圣明到达了这种地步，我得罪已经很久了。"管仲回答说："我听说，圣人在事物没有出现之前就已经知道了。我是在事物有形之后才知道。我算不上圣明，只不过善于接受古代的经验而已。"

桓公派管仲征召宁戚，宁戚答复说："浩瀚无边啊。"管仲不明白什么意思，到吃午饭时还在思索。婢女问："您在想什么？"管仲说："这不是你所能知道的。"婢女说："希望您不要轻视年少的人，不要鄙视卑贱的人。以前吴国、干国交战，干国规定没有脱去乳牙的少年不得参军作战。有个叫国子的小孩就拔掉乳牙，于是参了军，为干国立下许多战功。百里奚，是秦国一个喂牛的人，穆公提拔他做了秦国的宰相，于是秦国称霸诸侯。由此看来，低贱难道应该遭受鄙视，年少难道应该遭受轻视吗？"管仲说："好，国君让我征召宁戚，宁戚回答我说'浩瀚无边啊'。我不知道什么意思。"婢女说："诗里有这样的话：'浩瀚无边的是水，游动自如的是鱼。没有我的家室，把我召去哪里安居？'宁戚大概是想成家了吧？"

桓公与管仲阖门而谋伐莒，未发也，而已闻于国矣。桓公怒谓管仲曰："寡人与仲父阖门而谋伐莒，未发也，而已闻于国，其故何也？"管仲曰："国必有圣人。"桓公曰："然。夫日之役者[①]，有执席食以视上者，必彼是邪？”于是乃令之复役，毋复相代。少焉，东郭邮至。桓公令傧者延而上[2]，与之分级而立，问焉，曰：“子言伐莒者乎？”东郭邮曰：“然，臣也。”桓公曰：“寡人不言伐莒而子言伐莒，其故何也？”东郭邮对曰：“臣闻之，君子善谋而小人善意[3]，臣意之也。”桓公曰：“子奚以意之？”东郭邮曰：“夫欣然喜乐者，钟鼓之色也。夫渊然清静者，缞绖之色也[4]。漻然丰满而手足拇动者[5]，兵甲之色也。日者[6]，臣视二君之在台上也，口开而不阖，是言莒也。举手而指，势当莒也。且臣观小国诸侯之不服者，唯莒，于是臣故曰伐莒。”桓公曰：“善哉，以微射明[7]，此之谓乎！子其坐，寡人与子同之。”

客或欲见于齐桓公，请仕上官[8]，授禄千钟。公以告管仲。曰：“君予之。”客闻之曰：“臣不仕矣。”公曰：“何故？”对曰：“臣闻取人以人者，其去人也亦用人。吾不仕矣。”

注释

①夫日：那一天。

②傧bīn者：负责接待的人。

③善意：善于推测。

④缞绖cuīdié：丧服。

⑤漻liáo然：清澈的样子。

⑥日者：那天。

⑦以微射明：从细微处推测大的意义。

⑧仕上官：当高级官员。

译文

桓公与管仲闭门谋划攻打莒国，还没有行动，这件事就已被全国人知道了。桓公怒气冲冲地对管仲说："我和仲父闭门谋划攻打莒国，还没来得及采取行动，全国人都知道了，这是什么原因呢？"管仲说："国中一定有圣人。"桓公说："是这样。那天有个服侍的人，他端菜上饭时眼睛一直往上看，一定是他吧。"于是就下令再次让那个人服侍，不许别人代替。没多久，一个叫东郭邮的人到了。桓公让礼宾请他上来，并与他分级而立。问道："是你说的要攻打莒国吗？"东郭邮说："是的，是我。"桓公说："我没有说过攻打莒国而你却说要攻打莒国，这是什么原因？"东郭邮回答说："我听说，君子善于谋划而小人善于推测，我是推测出来的。"桓公说："你是凭借什么推测出来的？"东郭邮说："一个人欣然喜乐，是钟鸣鼓击时的容色；深沉清静，是居丧戴孝时的容色；清澈丰满而手足拇指动，是发动战争的容色。那一天，我看到你们二位在台上，口开而不合，这是说'莒'字；举手而指，方向正朝着莒国。而且我观察小国诸侯不肯服从的，只有莒国。于是我就说要攻打莒国。"桓公说："好啊，从细微的动作中推测出大事，说的就是这种情况啊。你坐下，我和你共同谋划这件事。"

有一个人想见齐桓公，请求给他大官做，并领取千钟的俸禄。桓公把这件事告诉管仲。管仲说：“您给他吧。”这个人听说后，说：“我不想做您给的官了。”桓公说：“为什么？”这个人回答说：“我听说因为别人的话而用人，当他不用人时，也是因为别人的话。所以我不做官了。”

入国

题解

本篇取首段前二字为题，介绍了敬奉老人、爱护幼小、抚恤孤儿、收养残疾、匹合鳏寡、慰问病人、通报贫穷、赈济贫困、祭祀烈士九项惠民政策，是一篇专论社会福利与社会救济的文章。

入国四旬，五行九惠之教。一曰老老，二曰慈幼，三曰恤孤，四曰养疾，五曰合独，六曰问病，七曰通穷，八曰振困，九曰接绝。

所谓老老者，凡国、都皆有掌老，年七十已上，一子无征[①]，三月有馈肉。八十已上，二子无征，月有馈肉。九十已上，尽家无征，日有酒肉。死，上共棺椁[②]。劝子弟，精膳食，问所欲，求所嗜。此之谓老老。

所谓慈幼者，凡国、都皆有掌幼。士民有子，子有幼弱不胜养为累者[③]，有三幼者无妇征[④]，四幼者尽家无征，五幼又予之葆[⑤]，受二人之食[⑥]，能事而后止[⑦]。此之谓慈幼。

所谓恤孤者，凡国、都皆有掌孤，士人死，子孤幼，无父母所养，不能自生者，属之其乡党、知识、故人[⑧]。养一孤者一子无征，养二孤者二子无征，养三孤者尽家无征。掌孤数行问之，必知其食饮饥寒身之膌胜而哀怜之[⑨]。此之谓恤孤。

注释

①无征：免除兵役徭役。

②共：通“供”，供应。椁：套在棺材外面的大棺材。

③不胜养：不能养活。

④妇征：向妇女征收布帛。

⑤葆：保姆。

⑥受：通“授”，给予。

⑦能事：能够自理。

⑧属：通“嘱”。知识：生前的好友或熟人。

⑨膌jí胜：瘦弱。

译文

执掌国政四十天，五次施行九项惠民政策。一是敬奉老人，二是爱护幼小，三是抚恤孤儿，四是收养残疾，五是匹合鳏寡，六是慰问病人，七是通报贫穷，八是赈济贫困，九是祭祀烈士。

所谓老老：在城邑、国都都要设置负责老人事务的官员。年龄在七十以上的老人，可免除一个孩子的兵役，每年三个月由国家送去肉食；八十以上的老人，可免除两个孩子的兵役，每个月由国家送去肉食；九十以上的老人，可免除全家人的兵役，每天都由国家送去酒和肉。他们去世的时候，国家提供下葬的棺椁。勉励他们的子弟，把老人饭菜做精细，询问老人的要求，了解老人的嗜好。这叫作老老。

所谓慈幼：在城邑、国都都要设置负责幼儿事务的官员。士民百姓有子女，子女中有幼弱而无力供养且成为累赘的，有三个可以免除妇女的布帛之征，有四个可以免除全家人的征收，有五个可以给予保姆，并给予两个人的口粮，直到幼儿能生活自理为止。这叫作慈幼。

所谓恤孤：在城邑、国都都要设置负责孤儿事务的官员。士民百姓死后，子女孤独年幼没有父母照顾且不能自理的，把他们托付给乡亲、友人和故旧抚养。收养一个孤儿的，免除一个孩子的兵役，收养两个孤儿的免除两个孩子的兵役，收养三个孤儿的，免除三个孩子的兵役。掌管孤儿事务的官员要经常巡行查问，保证了解孤儿的饮食饥寒及身体瘦弱情况而给予怜爱救助。这叫作恤孤。

所谓养疾者，凡国、都皆有掌养疾。聋、盲、喑、哑、跛躄、偏枯、握递[①]，不耐自生者[②]，上收而养之疾官[③]，而衣食之，殊身而后止[④]。此之谓养疾。

所谓合独者，凡国、都皆有掌媒。丈夫无妻曰鳏，妇人无夫曰寡，取鳏寡而合和之，予田宅而家室之，三年然后事之[5]。此之谓合独。

所谓问病者，凡国、都皆有掌病。士人有病者，掌病以上令问之。九十以上，日一问。八十以上，二日一问。七十以上，三日一问。众庶五日一问。疾甚者，以告上，身问之[6]。掌病行于国中，以问病为事。此之谓问病。

注释

①跛躄bì：跛脚、瘸子。偏枯：半身不遂。握递：尹知章注："两手相拱着而不申者。"

②不耐：没有能力。

③疾官：收养残疾的地方。官，古"馆"字。

④殊身：绝身，指死去。

⑤事之：役使他们。

⑥身问：指君主亲自过问。

译文

所谓养疾：凡城邑、国都都要设置掌管收养残疾事务的官员。聋人、盲人、哑人、跛足、半身不遂、双手相拱无力屈伸、生活不能自理的人，国家把他们安置在专门收养残疾的地方，并提供衣服饮食，直到他们去世后为止。这叫作养疾。

所谓合独：凡城邑、国都都要设置掌管婚配事务的官员。丈夫亡妻叫作鳏，妇人亡夫叫作寡，介绍鳏夫寡妇相匹配组成家庭，给予他们田宅使他们安家，三年后对他们实行征役。这叫作合独。

所谓问疾：凡城邑、国都都要设置掌管问病事务的官员。士民百姓中有生病的，掌管问病事务的官员按君主的旨意慰问。九十以上的，每天问一次；八十以上的，每两天问一次；七十以上的，每三天问一次；一般的人，五天问一次。病重的人，向上报告，君主亲自过问。掌管问病事务的官员巡行于国中，以此为职事。这叫作问疾。

所谓通穷者，凡国、都皆有通穷。若有穷夫妇无居处，穷宾客绝粮食，居其乡党，以闻者有赏[①]，不以闻者有罚。此之谓通穷。

所谓振困者，岁凶，庸人訾厉[②]，多死丧。弛刑罚，赦有罪，散仓粟以食之。此之谓振困。

所谓接绝者，士民死上事，死战事，使其知识、故人受资于上而祠之[③]。此之谓接绝也。

注释

①以闻：向上通报。

②訾厉：疾病。

③资：费用。祠：祭祀。

译文

所谓通穷：凡城邑、国都都要设置掌管通穷事务的官员。如果贫穷的夫妇没有居住的地方，贫穷的宾客吃完了粮食，所在乡里的官员，把情况向上汇报的有赏赐，不上报的受处罚。这叫作通穷。

所谓振困：年景不好，在外做工的人易患疾病，多有死亡。因而宽缓刑罚，赦免有罪，发放粮仓中的粮食以供给他们。这叫作振困。

所谓接绝：士民百姓若死于国事或死于战争，使其生前的友人、故旧领取国家一部分费用，负责祭祀他们。这叫作接绝。

桓公问

题解

本篇记录桓公与管仲之间的一次问答。针对桓公“有而勿失，得而勿亡”为政之道的询问，管仲提出了制定“啧室之议”的进谏制度。

齐桓公问管子曰：“吾念有而勿失，得而勿亡，为之有道乎？”对曰：“勿创勿作，时至而随。毋以私好恶害公正，察民所恶，以自为戒。黄帝立明台之议者[①]，上观于贤也。尧有衢室之问者[②]，下听于人也。舜有告善之旌[③]，而主不蔽也。禹立谏鼓于朝[④]，而备讯也。汤有总街之庭[⑤]，以观人诽也。武王有灵台之复[⑥]，而贤者进也。此古圣帝明王所以有而勿失、得而勿忘者也。”桓公曰：“吾欲效而为之，其名云何？”对曰：“名曰啧室之议[⑦]。曰法简而易行，刑审而不犯，事约而易从，求寡而易足。人有非上之所过，谓之正士，内于啧室之议。有司执事者咸以厥事奉职[⑧]，而不忘焉。此啧室之事也，请以东郭牙为之。此人能以正事争于君前者也。”桓公曰：“善。”

注释

①明台：传说为黄帝听政、询事及征求意见的地方。

②衢室：建于大街通衢之上的房屋，用于听取百姓意见。

③告善之旌：立于大街之上，号召臣民百姓献计献策的旌旗。

④谏鼓：立于朝堂之上，臣民百姓进谏时敲击的大鼓。

⑤总街之庭：设于街巷中心，听询臣民百姓意见的厅堂。

⑥灵台之复：投向灵台的建议或谏言。

⑦啧室：多人集合议论的场所。

⑧厥：其，他的。

译文

齐桓公问管仲说："我想拥有天下而不失去，得到天下而不丧失，有什么办法可以做到呢？"管仲说："不急于开创，不急于作新，时间到了随机行事。不要以个人的好恶损害公正，观察人民厌恶什么，自身引以为戒。以前，黄帝建立明台的咨议制度，在上面听取贤士的意见；尧设立衢室的询问制度，在下面听取民众的心声；舜立有号召进谏的旌旗，君主因此不受蒙蔽；禹把谏鼓置于朝堂之上，以备听取百姓的问讯；汤在街巷中心设有听取意见的厅堂，用以听取人民的非议；武王建有灵台报告制度，贤士都得以进用。这是古代圣帝明王之所以拥有天下而不失去、得到天下而不丧失的原因。”桓公说：“我想仿效他们实行这项制度，叫作什么名字呢？”管仲说：“就叫作‘啧室之议’。就是说，国家法令要简单易行，刑罚审慎没有过失，政事简约易于办理，赋税轻薄易于缴纳。老百姓有非议君主过失的，称之为正士，他们的意见都按照啧室的议论制度来处理。负责受理的人把接纳此事作为奉行职事的表现，不能遗忘。这件啧室的工作，请让东郭牙来负责，这个人能够为政事在君主面前争论。”桓公说：“好。”

弟子职

题解

弟子职，讲述了弟子在学校应遵守的规则与纪律。其内容包括早作、受业、对客、进食、洒扫、执烛、请衽、复习等，是我国古代较早出现的一部学府规章制度。

先生施教，弟子是则[①]。温恭自虚，所受是极[②]。见善从之，闻义则服。温柔孝悌，毋骄恃力。志毋虚邪，行必正直。游居有常[③]，必就有德。颜色整齐，中心必式[④]。夙兴夜寐，衣带必饰。朝益暮习，小心翼翼。一此不解[⑤]，是谓学则。

少者之事，夜寐早作，既拚盥漱[⑥]，执事有恪[⑦]。摄衣共盥[⑧]，先生乃作。沃盥彻盥[⑨]，泛拚正席，先生乃坐。出入恭敬，如见宾客。危坐乡师[⑩]，颜色毋怍[⑪]。

受业之纪，必由长始。一周则然[⑫]，其余则否。始诵必作[⑬]，其次则已。凡言与行，思中以为纪[⑭]。古之将兴者，必由此始。后至就席，狭坐则起[⑮]。若有宾客，弟子骏作[⑯]。对客无让[⑰]，应且遂行，趋进受命。所求虽不在，必以反命，反坐复业。若有所疑，奉手问之。师出皆起。

注释

①是则：效法先生的施教。则，效法。

②极：尽，这里指学习彻底。

③游居：出游居家。

④式：法式，规范。

⑤解：通“懈”。

⑥拚fèn：扫除。

⑦恪kè：恭敬，谨慎。

⑧共：通“供”。

⑨彻：撤除。

⑩乡：通“向”。

⑪怍：改变脸色。

⑫一周：第一遍。

⑬作：站起来。

⑭中：中和。

⑮狭坐：坐在旁边的。

⑯骏：迅速。

⑰让：通“攘”，排斥，抗拒。这里指失礼。

译文

先生实施教诲，弟子效法学习。温良恭敬虚心，所学就能彻底。看到好的就跟着去做，听到仁义就去实行。温柔孝悌，不要自恃勇力骄傲蛮横。心志不能空虚邪恶，行为一定要端正。出外居家要遵守常规，一定多与有德行的人交往。容色举止整齐不乱，内心必须守规中矩。早起晚睡，衣服佩带必须经常整理。早上学习晚上温习，要小心翼翼。专心于此努力不懈，这是学习的法则。

少年学子的本分，应当晚睡早起。清扫之后洗手漱口，做事注意恭敬谨慎。提起衣襟为先生摆好盥洗器具，先生正好起床。先生洗漱完毕，撤除用具，洒水扫除摆正讲席，先生于是入座。一出一入应该恭敬，就像要会见宾客。正襟端坐面向老师，不能随便改变容色。

接受先生授课的次序，一定从年长的同学开始。第一遍按这样的次序进行，之后则不必如此。首次诵读必须站起来，以后不需要这样。凡是言行举止，都要时刻想着以中和作为准则。古代将成就大事的人，一定是从这里开始。后到的同学入席就座，在旁边坐着的同学要及时站起。如果有宾客到来，弟子要迅速起立。对待客人不能失去礼节，一边应对一边行走，快步进去向先生请示。即使宾客所找的人不在，也一定回去告知，然后返回原位继续学习。学习如有疑问，举起手来向先生提问。先生离开讲席，学生都要起立致敬。

至于食时，先生将食，弟子馔馈[①]。摄衽盥漱，跪坐而馈。置酱错食[②]，陈膳毋悖。凡置彼食，鸟兽鱼鳖，必先菜羹。羹胾中别[③]，胾在酱前，其设要方。

饭是为卒，左酒右浆。告具而退，奉手而立。三饭二斗，左执虚豆[4]，右执挟匕，周还而贰[5]，唯嗛之视[6]。同嗛以齿，周则有始，柄尺不跪，是谓贰纪。先生已食，弟子乃彻。趋走进漱，拚前敛祭[7]。

先生有命，弟子乃食，以齿相要，坐必尽席。饭必捧揽[8]，羹不以手。亦有据膝[9]，毋有隐肘[10]。既食乃饱，循咡覆手[11]，振衽扫席。已食者作，抠衣而降。旋而乡席，各彻其馈，如于宾客。既彻并器[12]，乃还而立。

注释

①馔馈：进呈饭食。馈，进食。

②错：通“措”，放置。

③羹胾zì中别：羹和胾隔开放置。胾，切细的肉块。

④虚豆：空碗。豆，古代食器。

⑤贰：再，重复。这里指增添饭食。

⑥嗛qiàn：饭食吃尽。

⑦祭：祭品。古代每食必祭。

⑧捧揽：以手捧执。

⑨据膝：肘放在膝上。

⑩隐肘：把肘凭靠在案上。隐，凭倚。

⑪咡èr：口边。

⑫并：通“屏”，收藏。

译文

到了吃饭的时候，先生准备进食，弟子把饭菜安排好。学生提起衣襟供奉先生洗漱，跪坐将饭菜献上。摆放酱和食物，膳食陈列不能有差错。一般的上菜程序：鸟兽鱼鳖等肉食之前，要先上菜羹。羹和肉要隔开摆放，肉放在酱前，摆放要成方形。饭到最后才上，左边是酒右边是浆。饭菜齐备后告知先生，退出后拱手站在一边。一般是三碗饭两斗酒，学生左手拿着空碗，右手拿着饭勺，将酒饭轮流添上，注意杯碗将空的尊长。多位先生吃光，要按年龄分别先后次序，从始至终都是这样。用长勺无需跪着送上，这是添饭的规矩。先生饮食完毕，弟子撤除餐具。赶快为先生送来漱器，然后扫除席前收敛祭品。

先生允许之后，弟子才可进食。按年龄长幼安排座次，一定靠席前坐好。吃饭必须用手捧持，羹汤不能用手。可以两肘放在膝上，不能将两肘放在案上。吃饱之后，用手擦净嘴边。抖动衣襟，清扫坐席。吃完即起，提衣离开席位。立刻转身面向席位，各自撤下器具，就像礼待宾客一样。撤席后把器具收敛起来，就回去站立在先生跟前。

凡拚之道，实水于盘，攘臂袂及肘[①]，堂上则播洒，室中握手[②]。执箕膺擖[③]，厥中有帚[④]。入户而立，其仪不忒[⑤]。执帚下箕，倚于户侧。凡拚之纪，必由奥始[⑥]。俯仰磬折[⑦]，拚毋有彻[⑧]。拚前而退，聚于户内。坐板排之，以叶适己[⑨]，实帚于箕。先生若作，乃兴而辞。坐执而立，遂出弃之。既拚反立，是协是稽[⑩]。暮食复礼。

昏将举火，执烛隅坐。错总之法[⑪]，横于坐所。栉之远近[⑫]，乃承厥火，居句如矩。蒸间容蒸[⑬]。然者处下[⑭]，奉椀以为绪[⑮]。右手执烛，左手正栉。有堕代烛[⑯]，交坐毋倍尊者[⑰]。乃取厥栉，遂出是去。

先生将息，弟子皆起。敬奉枕席，问所何趾。俶衽则请[⑱]，有常则否。先生既息，各就其友。相切相磋，各长其仪[⑲]。周则复始，是谓弟子之纪。

注释

①攘：挽起。

②握手：掬手而洒。

③膺擖yè：对着畚箕的舌。膺，当，对。擖，箕的舌。

④厥：其。

⑤忒：差错。

⑥奥：室内西南角，古代是祭神的地方，为尊长所居。

⑦磬折：身子像磬那样弯曲。

⑧彻：动。

⑨叶：箕舌。

⑩是协是稽：这样才合乎洒扫规矩。协、稽，均是合、一致的意思。

⑪错：通“措”，放置。总：柴草、麻秸成束，称“总”。

⑫栉zhì：火炬燃烧剩下的部分。

⑬蒸：细柴。

⑭然：通“燃”。

⑮椀wǎn：碗。

⑯堕：通“惰”，疲倦。

⑰倍：通“背”。

⑱俶chù衽：第一次为先生铺席。

⑲仪：通“义”，义理。

译文

一般洒扫的方法，把清水盛入盘中，把衣袖挽到肘部，厅堂上扬手洒水，室内掬手近泼。手拿畚箕使箕舌对着自己，畚箕中放进扫帚。进门之后先要站立，仪止不能出错。拿起扫帚就放下畚箕，将其靠在门侧。凡洒扫的方法，一定是从房屋西南角开始。一俯一仰像磬一样弯曲，不要搬动其他物品。从前往后边退边扫，把垃圾集中在室内。蹲下来用木板把垃圾排进畚箕，让箕舌对着自己，把扫帚放进畚箕。先生若此时有事要做，便暂停扫除。拿着畚箕站立在一旁，然后出门倒掉垃圾。洒扫完毕后返回站立，这样才合乎规矩。晚饭用餐重复以上礼仪。

黄昏时准备点燃火炬，手持火炬坐在房屋一角。安放柴束的方法，是横放在坐的地方。根据火炬燃剩的长短，续接其他火炬，用同样的方法安放。细柴之间要留有空隙，灰烬落下，用碗接住。右手拿着火炬，左手拿着燃剩的柴束。疲倦了，另一个人立刻接替，交替时不能背对着尊长。之后拿着燃剩的火炬，出门倒掉。

先生将要休息，弟子都要站起来，恭敬地送去枕席，询问先生脚伸向什么地方。第一次为先生铺床要问清楚，有了常规之后就不必再问了。先生休息之后，各自会同学友。相互切磋，各自加深理解所学的义理。一遍又一遍地遵循上述礼仪，这就是做弟子的纲纪。

海　王

题解

本篇论述如何凭借大海的盐业资源成就王业。文中提出寓税于价的隐蔽的税收方法，它成为历代统治者搜刮民财、聚敛财富的主要理论来源。

桓公问于管子曰："吾欲藉于台榭[①]，何如？"管子对曰："此毁成也。""吾欲藉于树木。"管子对曰："此伐生也。""吾欲藉于六畜。"管子对曰："此杀生也。""吾欲藉于人，何如？"管子对曰："此隐情也[②]。"桓公曰："然则吾何以为国？"管子对曰："唯官山海为可耳[③]。"

注释

①藉：通"籍"，征收赋税。

②隐情：隐瞒人口数量。情，实情。

③官山海：对山海资源进行统一管理。官，通"管"，管理，控制。山海，指山海的物产，即铁和盐。

译文

桓公问管子说："我想征收房屋税，怎么样？"管子回答说："这会让百姓拆毁已建成的房屋。""我想征收树木税。"管子回答说："这会让百姓砍伐未成材的树木。""我想征收牲畜税。"管子回答说："这会让百姓杀掉幼畜。""我想征收人口税，怎么样？"管子回答说："这会让百姓隐瞒实际的人口数量。"桓公说："那么我凭借什么来治理国家呢？"管子回答说："只要实行对山海资源进行管理的政策就可以了。"

桓公曰："何谓官山海？"管子对曰："海王之国，谨正盐策[①]。"桓公曰："何谓正盐策？"管子对曰："十口之家十人食盐，百口之家百人食盐。终月，大男食盐五升少半，大女食盐三升少半，吾子食盐二升少半，此其大历也[②]。盐百升而釜。令盐之重升加分强[③]，釜五十也。升加一强，釜百也。升加二强，釜二百也。钟二千，十钟二万，百钟二十万，千钟二百万。万乘之国，人数开口千万也，禺策之[④]，商日二百万[⑤]，十日二千万，一月六千万。万乘之国，正人百万也[⑥]。月人三十钱之籍，为钱三千万。今吾非籍之诸君吾子，而有二国之籍者六千万。使君施令曰：吾将籍于诸君吾子，则必嚣号。今夫给之盐策，则百倍归于上，人无以避此者，数也。"

注释

①谨：重视。正：通“征”，征税。

②大历：大概。

③重：价格。分：半。强：通“镪”，指钱。

④禺：通“偶”，合。

⑤商：计算。

⑥正人：应征人口税的人。

译文

桓公说：“对山海资源进行管理的政策是什么呢？”管仲回答说：“濒临大海成就王业的国家，重视征税于盐的政策。”桓公说：“什么是征税于盐的政策？”管子回答说：“十口人的家庭，十人吃盐；一百口人的家庭，一百人吃盐。一个月下来，成年男子吃盐近五升半，成年女子吃盐近三升半，少男少女吃盐近二升半，这是大概的数字。一百升盐为一釜。使盐的价格每升增加半钱，一釜盐就增加五十钱的收入；每升增加一钱，一釜盐就增加一百钱的收入；每升增加二钱，一釜盐就增加二百钱的收入。一钟盐增加二千钱，十钟盐增加二万钱，一百钟盐增加二十万钱，一千钟盐增加二百万钱。一万辆兵车的大国，人口总数有一千万人。合而算之，大约每天可得二百万钱，十天可得二千万钱，一个月可得六千万钱。一万辆兵车的大国，征收人口税的人数为一百万人，每人每月征税三十钱，收入是三千万钱。现在，我并没有向大人小孩直接征税，却得到两个大国六千万的税收收入。如果您发布号令说：我要对各位直接征税，全国上下必定一片反对。现在采取向盐征税的政策，就会有百倍的收入归于国君，而人民没有一个可以逃避掉的。这就是理财之法。”

“今铁官之数曰：一女必有一针一刀，若其事立。耕者必有一耒一耜一铫，若其事立。行服连、轺、辇者必有一斤一锯一锥一凿[①]，若其事立。不尔而成事者天下无有。令针之重加一也，三十针一人之籍。刀之重加六，五六三十，五刀一人之籍也。耜铁之重加十，三耜铁一人之籍也。其余轻重皆准此而行[②]。然则举臂胜事[③]，无不服籍者。”

桓公曰：“然则国无山海不王乎？”管子曰：“因人之山海假之。名有海之国雠盐于吾国[④]，釜十五，吾受而官出之以百。我未与其本事也[⑤]，受人之事，以重相推[⑥]。此用人之数也。”

注释

①行服：制造、修理。轺yáo：轻车。辇jú：驾马的大车。

②轻重：价格的高低。

③举臂胜事：拿起工具做事。
④名：通"命"。雠：售，卖。
⑤本事：指盐业生产。
⑥重：价格。

译文

"现在管理铁的理财方法是：每一位妇女必须有一根针和一把剪刀，然后才能去做她的事情；每一位耕地的人必须有一架犁、一架铫和一把大锄，然后才能去做他的事情；每一位修造连、轺、辇等各类车辆的人必须有一把斧头、一张锯、一个锥和一个凿子，然后才能去做他的事情。不具备以上工具而能够完成各自工作的，天下是没有的。使针的价格每根增加一钱，三十根针的增价就是一个人的人口税；使剪刀的价格每把增加六钱，五六三十，五把刀的增价就是一个人的人口税；使铁铫的价格每架增加十钱，三架铁铫的增价就是一个人的人口税。其余铁器的定价都可以按照这个标准进行。这样，凡是拿起铁具做事的人，没有一个能逃避掉这种税收的。"

桓公说："可是，一个国家如果没有山海资源就成就不了王业吗？"管子说："可以凭依别国的山海资源加以利用。让产盐的国家把盐卖给我们，一釜盐十五钱，然后国家以一釜一百钱的价格卖给百姓。我们没有参与制盐，只是接受了他国的盐业，以价格推算盈利。这是利用他人有利条件来进行理财的方法。"

国 蓄

题解

本篇全面概括地阐述了轻重理财之术。所谓轻重，是就商品价格和货币购买力之间的相对关系而言。简单地理解，商品价格低或货币购买力低，就是轻；反之就是重。善于理财的国家总是把握商品、货币的轻重变化，利用贱入贵出的方式获取经济利益。

国有十年之蓄，而民不足于食，皆以其技能望君之禄也。君有山海之金[①]，而民不足于用，是皆以其事业交接于君上也。故人君挟其食，守其用，据有余而制不足，故民无不累于上也[②]。五谷食米，民之司命也[③]。黄金刀币，民之通施也[④]。故善者执其通施以御其司命，故民力可得而尽也。

夫民者信亲而死利，海内皆然。民予则喜，夺则怒，民情皆然。先王知其然，故见予之形，不见夺之理。故民爱可洽于上也[⑤]。租籍者[⑥]，所以强求也。租税者[⑦]，所虑而请也[⑧]。王霸之君去其所以强求，废其所虑而请[⑨]，故天下乐从也。

利出于一孔者[⑩]，其国无敌。出二孔者，其兵不诎[⑪]。出三孔者，不可以举兵。出四孔者，其国必亡。

先王知其然，故塞民之羡[12]，隘其利途。故予之在君，夺之在君，贫之在君，富之在君。故民之戴上如日月，亲君若父母。

注释

①山海之金：国家专营盐铁的经济收入。

②累：系，捆绑。这里指控制。

③司命：生命的主宰。

④通施：交易的媒介。

⑤洽：融洽。

⑥租籍：正规的赋税。

⑦租税：以加价方式索取的税收。

⑧所虑而请：经过一番谋虑而求索于民。

⑨废：放置。

⑩利出于一孔：财利由一个孔道流出，指国家控制经济活动，成为经济利益的最大获得者。

⑪诎：通"屈"，屈服。

⑫羡：盈余，盈利。

译文

国家有十年的粮食储蓄，可人民依旧粮食短缺，都争着凭借其技能得到君主的俸禄。君主有专靠盐铁经营获得的大量财富，而人民依旧财用不充足，都争着凭借自己的职事去服务于君主以换取金钱。因此，君主掌握粮食，把持钱财，利用国家的有余之物控制人民想得到的不足之物，人民就没有一个不依附于君主的。五谷食粮，是人民的生命主宰；黄金钱币，是人民的交易媒介。善于治理国家的人，总是掌握人民的交易媒介来控制主宰人民生命的粮食，于是就可以使用民力且发挥到极致。

人民总是相信爱护自己的人且为了利益不惜生命，全天下的人都是这样。人民，给予他们好处就高兴，夺取他们的利益就愤怒，人情都是这样。古代圣王知道这个道理，在给予人民好处的时候，让他们看在眼里；在剥夺他们利益的时候，却没有任何表现。这样人民就拥戴君上且与君上关系融洽了。租籍，是向人民强行征收的东西；租税，是经过筹划索取于民的东西。成就王霸之业的君主，总是抛弃强行征收的方式，而保留经过筹划索取于民这种形式。因而，全天下的人都乐意服从。

经济利益由国家统一掌控，这个国家就强大无敌；由两家掌控，军队只能做到不被征服；由三家掌控，就不能举兵作战；由四家掌控，这个国家必定灭亡。古代圣王知道这个道理，所以堵塞人民谋利的渠道，限制他们获利的途径。因而，给予人民好处、剥夺人民利益、使人民贫困、使人民富裕，这些权力全部应由君主一人掌握。这样，人民爱戴君主就像爱戴日月一样，亲近君主就像亲近父母一样。

凡将为国，不通于轻重[①]，不可为笼以守民。不能调通民利，不可以语制为大治。是故万乘之国有万金之贾，千乘之国有千金之贾，然者何也？国多失利，则臣不尽其忠，士不尽其死矣。岁有凶穰[②]，故谷有贵贱。令有缓急，故物有轻重。然而人君不能治，故使蓄贾游市，乘民之不给，百倍其本。分地若一，强者能守。分财若一，智者能收。智者有什倍人之功，愚者有不赓本之事[③]。然而人君不能调，故民有相百倍之生也[④]。夫民富则不可以禄使也，贫则不可以罚威也。法令之不行，万民之不治，贫富之不齐也。且君引錣量用[⑤]，耕田发草，上得其数矣。民人所食，人有若干步亩之数矣，计本量委则足矣[⑥]。然而民有饥饿不食者何也？谷有所藏也。人君铸钱立币，民庶之通施也，人有若干百千之数矣。然而人事不及、用不足者何也[⑦]？利有所并藏。然则人君非能散积聚，钧羡不足[⑧]，分并财利而调民事也，则君虽强本趣耕，而自为铸币而无已，乃今使民下相役耳，恶能以为治乎？

注释

①轻重：商品价格的升降规律。

②凶穰：凶年和丰年。

③赓gēng：补偿。

④生：财产。

⑤引錣zhuì量用：拿起筹码计算一下需要的费用。錣，计算用的筹码。

⑥计本量委：计量生产和贮藏。本，土地产出。委，贮藏。

⑦人事不及：不能满足日常开支。

⑧钧：均分。

译文

凡是将治理国家，不懂得商品价格高低的运行规律，就不能够制定出经济政策来掌控人民。不能够调节人民的利益，就谈不上通过制定政策来达到国家的大治。于是，一个万乘大国就会出现拥有万金的大贾，一个千乘大国就会出现拥有千金的大贾。这样将带来什么结果呢？国家会丧失很多的经济利益。于是，臣子不对君主尽其忠心，士不为君主献其生命。年景有丰有歉，粮食便有贵有贱；号令有缓有急，物价便有高有低。如果君主不能治理国家，巨商大贾就会出入于市场，趁着人民眼前的困难，成百倍地赚取利润。人民分得了同样的土地，能干的人足以守住它；分得了同样的财产，聪明的人能够收取利益。智者能获取一般人十倍的利益，而愚者连本钱都赚不回来。如果君主对此不能调节，人民的财产就会相差百倍。人民富裕了，君主就不能用利禄使唤他们了，人民贫困了，君主的刑罚就没有威力了。君主的法令得不到实行，人民得不到治理，这是由于社会上贫富不均的原因。君主度量财用，对耕田草田的数量，就能做到心中有数。人民需要多少口粮，每人有多少亩土地，统计一下土地产量和储藏数量，本来应该够吃够用，可是人民仍然有挨饥受饿吃不上饭的，这是为什么呢？因为粮食被私人囤积起来了。君主铸造发行货币，这是人民进行市场交易的媒介。算下来，每个人都有成百上千的数额，然而人民日常费用不足，钱不够花，这是为什么呢？因为钱财被人积聚起来了。所以，君主不能散发囤积，调节人民余缺，分散兼并的财利，调节人民的用度，即使他加强、督促农业生产，自己不停地制造钱币，也只能是使人民相互役使，这怎么能算得上治理国家呢？

岁适美，则市粜无予[①]，而狗彘食人食。岁适凶，则市籴釜十缀[②]，而道有饿民。然则岂壤力固不足而食固不赡也哉？夫往岁之粜贱，狗彘食人食，故来岁之民不足也。物适贱，则半力而无予，民事不偿其本。物适贵，则什倍而不可得，民失其用。然则岂财物固寡而本委不足也哉[③]？夫民利之时失，而物利之不平也。故善者委施于民之所不足[④]，操事于民之所有余[⑤]。夫民有余则轻之，故人君敛之以轻。民不足则重之，故人君散之以重。敛积之以轻，散行之以重，故君必有十倍之利，而财之扩可得而平也[6]。

凡轻重之大利，以重射轻，以贱泄平。万物之满虚随时[7]，准平而不变[8]，衡绝则重见。人君知其然，故守之以准平，使万室之都必有万钟之藏，藏繦千万。使千室之都必有千钟之藏，藏繦百万。春以奉耕[9]，夏以奉芸。耒耜械器，种穰粮食，毕取赡于君。故大贾蓄家不得豪夺吾民矣。然则何？君养其本谨也[10]。春赋以敛缯帛[11]，夏贷以收秋实。是故民无废事而国无失利也。

注释

①无予：卖不出去。

②繦qiǎng：钱贯，一贯为一千钱。

③本委：生产和积蓄。

④委施：销售积蓄的东西。施，给予，销售。

⑤操事：从事，这里指收购物资。

⑥扩huǎng：物价。

⑦满虚：多少。

⑧准平：供求平衡。

⑨奉：供应。

⑩本：农业生产。

⑪赋：给予。

译文

遇上好的年景，农民的粮食卖不出去，连猪狗都吃人吃的粮食。遇上不好的年景，市场上买一釜粮食需要十贯钱，而且道路上有饿死的百姓。难道是地力不足、粮食不够用引起的吗？这是因为往年粮食低贱，猪狗吃人食，所以下一年粮食就不够用了。物品低贱的时候，以一半工钱的价格都卖不出去，百姓从事生产赚不回本钱；物品价高的时候，以十倍于平常的价格也买不到，百姓满足不了日常应用。难道是财物太少、生产和积蓄满足不了需要吗？这是因为错过了调节民利的时机，物资和财利得不到平衡。善于治理国家的君主，在百姓日用不足的时候，及时销售库存中的物品；在百姓日用有余的时候，及时购买多余的物品。百姓物资有余则价格低贱，君主要以低价收购；百姓物资紧缺则价格高昂，君主要以高价售出。以较低的价格收敛积蓄起来，以较高的价格散发销售出去，君主一定会得到十倍的利润，同时，物品的价格也可以保持平稳。

这种轻重之术的好处，在于以高价收购低价的物品，以低价销售平价的物品。物资的余缺随季节而有所变化，只要供求平衡了，价格就不会有大的变化，供求失去了平衡，价格一贵一贱的现象又重新出现了。君主知道这个道理，就会注意调节以维持供求平衡。使万户人口的都邑拥有万钟粮食和一千万贯钱的储蓄，使千户人口的都邑拥有千钟粮食和一百万钱的储蓄。春天用来供应春耕，夏天用来供应夏耘。耒耜等各种农具，还有种子和粮食，一切都由国家供给。这样，富商大贾就不能对百姓巧取豪夺了。这是为什么呢？因为君主慎重地保护了农业生产。春耕时征赋于民，以备敛取他们的缯帛，夏耘时贷入于民，以备收购他们的秋粮。这样，人民不会荒废他们的农业生产，国家也不会失去应得的利益。

凡五谷者，万物之主也。谷贵则万物必贱，谷贱则万物必贵。两者为敌，则不俱平。故人君御谷物之秩相胜[①]，而操事于其不平之间。故万民无籍而国利归于君也[②]。夫以室庑籍，谓之毁成。以六畜籍，谓之止生。以田亩籍，谓之禁耕。以正人籍，谓之离情。以正户籍，谓之养赢[③]。五者不可毕用，故王者遍行而不尽也。故天子籍于币，诸侯籍于食。中岁之谷，粜石十钱。大男食四石，月有四十之籍。大女食三石，月有三十之籍。吾子食二石，月有二十之籍。岁凶谷贵，籴石二十钱，则大男有八十之籍，大女有六十之籍，吾子有四十之籍。是人君非发号令收穑而户籍也，彼人君守其本委谨，而男女诸君吾子无不服籍者也[④]。一人廪食[⑤]，十人得余。十人廪食，百人得余。百人廪食，千人得余。夫物多则贱，寡则贵，散则轻，聚则重。人君知其然，故视国之羡不足而御其财物。谷贱则以币予食，布帛贱则以币予衣。视物之轻重而御之以准，故贵贱可调而君得其利。

注释

①秩相胜：交替相胜，指粮食和万物价格互相消长。

②无籍：不征收赋税。

③养赢：有利于富户，这里指放纵富家大户。

④服籍：纳税。

⑤廪食：从国家粮仓购买粮食。

译文

粮食，是万物的主宰。粮食价格高，万物价格一定低；粮食价格低，万物价格一定高。它们二者相互对立，不可能同时保持高或低。所以，君主通过掌控粮食和万物各自价格的交替涨落，在它们的涨落变化中求得利益。这样可使国家不向百姓征税而财利却尽归于君主。若向房屋征税，会毁坏房屋；若向牲畜征税，会限制牲畜繁殖；若向田亩征税，会破坏农耕；若按人丁征税，会导致隐瞒实情；若按门户征税，等于是放纵富豪。这五种征税方式不能全部运用，所以成就王业的君主每一种都曾用过，但不能同时都用。天子靠钱币来征税，诸侯靠粮食来征税。中等年景的粮食，国家卖出一石加价十钱。成年男子每月吃掉四石，国家每月就有四十钱的税收；成年女子每月吃掉三石，国家每月就有三十钱的税收；儿童每月吃掉二石，国家每月就有二十钱的税收。凶年粮食价格高，人民买进一石加价二十钱，那么相当于成年男子每月纳税八十钱，成年女子每月纳税六十钱，儿童每月纳税四十钱。这样，君主并不需要发布号令按户征税，君主只需要掌控粮食生产和贮备，男人、女人、儿童就没有一个不纳税的。一个人从国家粮仓购买粮食，比征收十个人的人口税还要多；十个人从国家粮仓购买粮食，比征收一百个人的人口税还要多；一百个人从国家粮仓购买粮食，比征收一千个人的人口税还要多。物品多了价格就低，少了价格就高，抛售出去价格就低，囤积起来价格就高。君主知道这个道理，总是根据国内物品的余缺情况进行调剂掌握。粮食价格低，就用钱币代替粮食，布帛价格低，就用钱币代替衣物。根据物品价格的高低进行调剂掌握，使之供求平衡，这样在一贵一贱的调节中，君主就可以得到很多利益。

前有万乘之国，而后有千乘之国，谓之抵国。前有千乘之国，而后有万乘之国，谓之距国。壤正方，四面受敌，谓之衢国。以百乘衢处，谓之托食之君。千乘衢处，壤削太半。万乘衢处，壤削少半。何谓百乘衢处托食之君也？夫以百乘衢处，危慑围阻千乘万乘之间。大国之君不相中[①]，举兵而相攻，必以为扞格蔽圉之用，有功利不得乡[②]。大臣死于外，分壤而功。列陈系累获虏[③]，分禄而赏。是壤地尽于功赏，而税臧殚于继孤也[④]。是特名罗于为君耳[⑤]，无壤之有。号有百乘之守，而实无尺壤之用，故谓托食之君。然则大国内款[⑥]，小国用尽，何以及此[⑦]？曰百乘之国，官赋轨符[⑧]，乘四时之朝夕，御之以轻重之准，然后百乘可及也。千乘之国，封天财之所殖，械器之所出，财物之所生，视岁之满虚而轻重其禄，然后千乘可足也。万乘之国，守岁之满虚，乘民之缓急，正其号令而御其大准，然后万乘可资也。

注释

①不相中：相互不和。

②乡：通“飨”，享受。

③列陈：参战的士兵。系累：捆绑。

④臧：通“藏”，指积蓄。

⑤名罗：在名义上排列。

⑥款：通“窾kuǎn”，空。

⑦及：补充。

⑧官赋轨符：官府发行法定债券，向民间借用财物。轨符，法定的债券。

译文

前面是一个万乘的国家，后面是一个千乘的国家，这样的国家叫作抵国。前面是一个千乘的国家，后面是一个万乘的国家，这样的国家叫作距国。国土方正，四面受到敌人的威胁，这样的国家叫作衢国。百乘的国家而四面受敌，其君主叫作托食之君。千乘的国家而四面受敌，国土将被掠夺掉大半。万乘的国家而四面受敌，国土将被掠夺掉小半。什么叫作百乘衢处四面受敌的托食之君呢？就是以一个仅有百乘兵车的小国而处于千乘万乘大国的威胁与包围之中。如果大国之君关系不融洽，举兵相互攻伐，一定会把百乘小国作为进攻和防守的工具，即使有了功劳，小国也享受不到胜利果实。小国的大臣在外面战死，需要分封土地以示战功；将士虏获了战俘，需要分发俸禄以示奖赏。于是，土地全部用于论功行赏，税收积蓄全部用于抚恤烈士的遗孤。这样的国君只在名义上跻身于国君之列，实际上却没有领土；名义上拥有百乘的军备，实际上却没有尺寸的用武之地。所以叫他寄生的君主。那么大国财用空虚，小国财用耗尽，如何补救呢？回答是：百乘的国家，可以发行法定债券，利用一年四季物价涨落的时机，以轻重之术调控万物，这样百乘小国就可以得到补救了。千乘的国家，封禁自然资源的开发、器械制造和财物的生产，并根据年景的好坏对俸禄进行调节，这样千乘之国就可以得到补救了。万乘的国家，根据年景的好坏，利用人民需求的缓急，利用号令调节供求，这样万乘之国也可以得到补救了。

玉起于禺氏[①]，金起于汝汉[②]，珠起于赤野[③]，东西南北距周七千八百里。水绝壤断，舟车不能通。先王为其途之远，其至之难，故托用于其重，以珠玉为上币，以黄金为中币，以刀布为下币。三币握之则非有补于暖也，食之则非有补于饱也，先王以守财物，以御民事，而平天下也。今人君籍求于民，令曰十日而具，则财物之贾什去一[④]。令曰八日而具，则财物之贾什去二。令曰五日而具，则财物之贾什去半。朝令而夕具，则财物之贾什去九。先王知其然，故不求于万民而籍于号令也[⑤]。

注释

①禺氏：月氏，古代的一个民族地区。

②汝汉：汝水和汉水流域。

③赤野：不详。

④贾：通“价”。

⑤号令：运用轻重之术的号令。

译文

玉产于禺氏地区，金产于汝水、汉水一带，珍珠产于赤野，无论从哪个方向上看，它们都距离周都七千八百里远。水陆阻绝，舟车不通。古代圣王因为这些东西距离遥远，得来不易，所以利用它们的贵重，以珠玉作为上币，以黄金作为中币，而把刀币作为下币。这三种货币，手握住它们不能取暖，以之为食不能充饥，古代圣王利用它们掌控财物，调节民用，进而治理天下。现在君主向人民征求赋税，下令说十天交齐，财物的价格就下降十分之一；下令说八天交齐，财物的价格就下降十分之二；下令说五天交齐，财物的价格就下降一半。早上下令要求晚上交齐，财物的价格就下降十分之九。古代圣王知道这个道理，所以不必向百姓直接征税，只需要借助轻重之术的号令就可以了。

轻重乙

题解

本篇主要是对桓公、管仲遗闻轶事的记载，内容多涉及轻重理财之术。本篇是选译。

管子入复桓公曰：“终岁之租金四万二千金，请以一朝素赏军士[①]。”桓公曰：“诺。”以令至鼓期于泰舟之野期军士[②]。桓公乃即坛而立，宁戚、鲍叔、隰朋、易牙、宾须无皆差肩而立。管子执枹而揖军士曰[③]：“谁能陷陈破众者[④]，赐之百金。”三问不对。有一人秉剑而前，问曰：“几何人之众也？”管子曰：“千人之众。”“千人之众，臣能陷之。”赐之百金。管子又曰：“兵接弩张，谁能得卒长者，赐之百金。”问曰：“几何人卒之长也？”管子曰：“千人之长。”“千人之长，臣能得之。”赐之百金。管子又曰：“谁能听旌旗之所指，而得执将首者，赐之千金。”言能得者垒十人[⑤]，赐之人千金。其余言能外斩首者，赐之人十金。一朝素赏，四万二千金廓然虚。桓公惕然太息曰：“吾曷以识此？”管子对曰：“君勿患。且使外为名于其内，乡为功于其亲，家为德于其妻子。若此，则士必争名报德，无北之意矣[⑥]。吾举兵而攻，破其军，并其地，则非特四万二千金之利也。”五子曰：“善。”桓公曰：“诺。”乃诫大将曰：“百人之长，必为之朝礼。千人之长，必拜而送之，降两级。其有亲戚者，必遗之酒四石，肉四鼎。其无亲戚者，必遗其妻子酒三石，肉三鼎。”行教半岁，父教其子，兄教其弟，妻谏其夫，曰：“见其若此其厚[7]，而不死列陈，可以反于乡乎？”桓公终举兵攻莱，战于莒必市里[8]。鼓旗未相望，众少未相知[9]，而莱人大遁。故遂破其军，兼其地，而虏其将。故未列地而封[10]，未出金而赏，破莱军，并其地，禽其君[11]。此素赏之计也。

注释

①素赏：预先行赏，指战前以许诺的形式赏赐。

②至鼓期：准备战鼓、战旗。至，通“致”。期，通“旗”。期军士：集合士兵。

③枹：鼓槌。

④陈：通“阵”。

⑤垒：通“累”，累计。

⑥北：失败。

⑦其：通“期”，期望，期待。

⑧必市里：地名。

⑨众少：兵力多少。

⑩列：通“裂”。

⑪禽：通“擒”。

译文

管子走进朝堂，向桓公报告说：“一年的税收有四万二千斤黄金，请在一天之内全部预赏给将士。”桓公说：“可以。”于是下令准备战鼓战旗，在泰州之野召集将士。桓公站在台上，宁戚、鲍叔、隰朋、易牙、宾须无比肩依次站立。管子拿着鼓槌向将士拱手行礼，说：“谁能够冲锋陷阵攻破敌众，赏赐黄金百斤。”问了三声没有人回答。有一个带剑的战士走上前去，问道：“有多少敌人呢？”管子说：“一千个敌人。”“一千个敌人，我可以攻破。”于是赐给他一百斤黄金。管子又问：“两军对垒，谁能够擒获敌军的卒长，赏赐黄金百斤。”下面有人问道：“多少人的卒长呢？”管子说：“一千个人的卒长。”“一千个人的卒长，我可以擒获。”于是赐给他一百斤黄金。管子又说：“谁能够按军旗所指的方向，取下敌军大将的首级，赏赐一千斤黄金。”下面回答可以取下敌将首级的累计有十人，每人都赏赐一千斤黄金。其余凡说能够在外面杀敌的，每人都赏赐十斤黄金。一天的预先行赏，四万二千斤黄金都用光了。桓公忧虑地叹息说：“我怎样才能看清这里面的道理呢？”管子回答说：“您不要担心。使将士在外面立功却扬名于国内，在乡里可归功于他的双亲，在家里可归德于妻子。这样，将士一定会努力争取名声报答恩德，毫无退败之心。我们举兵作战，攻破敌军，兼并土地，就不仅仅是四万二千斤黄金的回报了。”其他五人说：“好。”桓公也说：“可以。”于是又告诫军中的大将们说：“凡是统领一百个人的军官，一定要按正规的礼节相待；凡是统领一千个人的军官，一定要下拜且降两级台阶相送；他们中有父母的，要赠送四石酒、四鼎肉；没有父母的，要赠送给他们的妻子三石酒、三鼎肉。”这样实行了半年，百姓中父亲教导儿子，兄长告诫弟弟，妻子劝谏丈夫，都说：“国家对待我们这样优厚，如果不誓死杀敌，还可以再返回乡里吗？”桓公果真出兵攻打莱国，战于莒地的必市里。结果，双方还没有相互看到战鼓战旗，还不知道各自的军队有多少人，莱人就大败而逃。于是桓公攻破了莱国的军队，占领了莱国的土地，虏获了莱国的将领。所以，桓公还没来得及裂地封赏，没来得及拿出黄金赏赐，就已攻破莱军，占领莱地，擒获莱君。这就是预先行赏的计策。

桓公曰：“吾欲杀正商贾之利而益农夫之事[①]，为此有道乎？”管子对曰：“粟重而万物轻，粟轻而万物重，两者不衡立[②]。故杀正商贾之利而益农夫之事，则请重粟之价釜三百[③]。若是则田野大辟，而农夫劝其事矣。”桓公曰：“重之有道乎？”管子对曰：“请以令与大夫城藏[④]，使卿、诸侯藏千钟，令大夫藏五百钟，列大夫藏百钟，富商蓄贾藏五十钟。内可以为国委，外可以益农夫之事。”桓公曰：“善。”下令卿诸侯令大夫城藏。农夫辟其五谷，三倍其贾。则正商失其事，而农夫有百倍之利矣。

注释

①杀：减少，降低。正商贾：专门从事经商的商人。

②不衡立：不同时升高或降低。

③重：提高，加重。

④城：通“盛”，贮藏。

译文

桓公说：“我想减少商人的利润而增加农民的收益，这样做有什么办法吗？”管子回答说：“粮价高其他物品的价格就低，粮价低其他物品的价格就高，两者不能同时或高或低。所以，要减少商人的利润而增加农民的收益，就请把粮食的价格抬高到每釜三百钱。这样，田野就会大量开垦，农民就会努力生产了。”桓公说：“抬高粮价有什么办法？”管子回答说：“请下令让大夫们都来贮存粮食。规定卿、诸侯贮藏一千钟，令大夫贮藏五百钟，列大夫贮藏一百钟，富商大贾贮藏五十钟。对内可以作为国家的储备，对外可以增加农民的收益。”桓公说：“好。”便下令卿、诸侯、令大夫等人贮藏粮食。于是，农民开辟土地，种植粮食，以三倍于本钱的价格出售。商人失去了赢利的机会，而农民却得到百倍的收益。

轻重丁

题解

本篇的论旨同于《轻重乙》。

桓公曰："寡人欲西朝天子而贺献不足，为此有数乎？"管子对曰："请以令城阴里[①]，使其墙三重而门九袭。因使玉人刻石而为璧，尺者万泉[②]，八寸者八千，七寸者七千，珪中四千[③]，瑗中五百[④]。"璧之数已具，管子西见天子曰："弊邑之君欲率诸侯而朝先王之庙，观于周室[⑤]。请以令使天下诸侯朝先王之庙，观于周室者，不得不以彤弓石璧。不以彤弓石璧者，不得入朝。"天子许之曰："诺。"号令于天下。天下诸侯载黄金珠玉五谷文采布帛输齐以收石璧。石璧流而之天下，天下财物流而之齐。故国八岁而无籍[⑥]，阴里之谋也。

注释

①城：筑城。

②泉：同"钱"。

③珪：长条形玉，前端呈三角形。

④瑗yuàn：大孔璧。

⑤观：观礼。

⑥无籍：无税。

译文

桓公说："我想去西面朝拜天子，可是献礼的费用不够，这该怎么办呢？"管子回答说："请下令在阴里筑城，设置三层墙，九道城门。利用这个机会让制玉的工匠雕刻石璧，直径一尺的定价一万钱，八寸的定价八千，七寸的定价七千，石珪定价四千，石瑗定价五百。"完成一定数量的石璧后，管子西行朝见天子，说："我国国君想率领诸侯朝拜先王宗庙，学习周室礼仪。请您下令：凡是来朝拜先王宗庙、学习周室礼仪的诸侯，都必须带上彤弓、石璧。不带彤弓、石璧的，不准入朝。"天子许诺说："可以。"于是，向天下发布号令。天下诸侯纷纷把黄金、珠玉、五谷、文采、布帛运送到齐国来购买石璧。石璧流通到了天下各地，天下各地的财物却流通到了齐国。齐国八年没有向人民征税，这是阴里之谋的作用。

桓公曰："天子之养不足，号令赋于天下则不信诸侯，为此有道乎？"管子对曰："江淮之间有一茅而三脊毌至其本[①]，名之曰菁茅[②]。请使天子之吏环封而守之。夫天子则封于太山、禅于梁父[③]。号令天下诸侯曰：‘诸从天子封于太山、禅于梁父者，必抱菁茅一束以为禅藉。不如令者不得从。’”天下诸侯载其黄金，争秩而走，江淮之菁茅坐长而十倍，其贾一束而百金。故天子三日即位，天下之金四流而归周若流水。故周天子七年不求贺献者，菁茅之谋也。

注释

①毌guàn：古“贯”字。本：根。

②菁茅：茅草的一种，用作祭祀的垫席或用来缩酒。

③太山：泰山。梁父：山名，亦称梁甫，在山东泰安东南。

译文

桓公说：“周天子供奉不足，如果下令向天下征收则失信于各国，这该怎么办呢？”管子回答说：“长江、淮河之间出产一种茅草，它有三条脊梗一直通到根部，人们叫它菁茅。请让天子的官员把这个地方封闭起来并看守住。天子是要在泰山祭天、梁父祭地的。于是就向天下诸侯下令说：‘凡跟随天子封泰山、禅梁父山的诸侯，必须带上一束菁茅作为祭祀时的垫席。不听从命令者不得跟随。’”天下诸侯纷纷带上黄金争相奔走求购菁茅，菁茅价格坐涨了十倍，一束菁茅就值一百斤黄金。天子在朝仅仅三天，天下黄金就像流水一样从四方流入了周王朝。周天子七年的时间没有向诸侯索取供奉品，这是菁茅之谋的作用。

桓公曰："寡人多务，令衡籍吾国之富商蓄贾称贷家[①]，以利吾贫萌、农夫[②]，不失其本事。反此有道乎？"管子对曰："唯反之以号令为可耳。"桓公曰："行事奈何？"管子对曰："请使宾胥无驰而南，隰朋驰而北，宁戚驰而东，鲍叔驰而西。四子之行定，夷吾请号令谓四子曰：'子皆为我君视四方称贷之间，其受息之氓几何千家，以报吾。'"鲍叔驰而西，反报曰："西方之氓者，带济负河，菹泽之萌也[③]。渔猎取薪蒸而为食[④]。其称贷之家多者千钟，少者六、七百钟。其出之，钟也一钟[⑤]。其受息之萌九百余家。"宾胥无驰而南，反报曰："南方之萌者，山居谷处，登降之萌也。上斫轮轴，下采杼栗，田猎而为食。其称贷之家多者千万，少者六、七百万。其出之，中伯伍也[⑥]。其受息之萌八百余家。"宁戚驰而东。反报曰："东方之萌，带山负海，谷处，上断福[⑦]，渔猎之萌也。治葛缕而为食。其称贷之家——丁、惠、高、国，多者五千钟，少者三千钟。其出之，中钟五釜也[⑧]。其受息之萌八、九百家。"隰朋驰而北。反报曰："北方之萌者，衍处负海[⑨]，煮泲为盐，梁济取鱼之萌也。薪食。其称贷之家多者千万，少者六、七百万。其出之，中伯二十也。受息之萌九百余家。"

凡称贷之家出泉三千万，出粟三数千万钟，受子息民三千家。四子已报，管子曰："不意我君之有萌中一国而五君之正也，然欲国之无贫，兵之无弱，安可得哉？"桓公曰："为此有道乎？"管子曰："惟反之以号令为可。请以令贺献者皆以镰枝兰鼓[10]，则必坐长什倍其本矣，君之栈台之织亦坐长什倍。请以令召称贷之家，君因酌之酒，太宰行觞。君举衣而问曰：'寡人多务，令衡籍吾国。闻子之假贷吾贫萌，使有以终其上令。寡人有镰枝兰鼓，其贾中纯万泉也。愿以为吾贫萌决其子息之数，使无券契之责[11]。'称贷之家皆齐首而稽颡曰[12]：'君之忧萌至于此！请再拜以献堂下。'君曰：'不可。子使吾萌春有以傳耜，夏有以决芸。寡人之德子无所宠，若此而不受，寡人不得于心。'故称贷之家皆曰：'再拜受。'所出栈台之织未能三千纯也，而决四方子息之数，使无券契之责。四方之萌闻之，父教其子，兄教其弟曰：'夫垦田发务，上之所急，可以无度乎？君之忧我至于此！'此之谓反准[13]。"

注释

①衡：官名，掌管财政税收。

②萌：通"氓"，民。

③菹泽：草地沼泽。

④取薪蒸：打柴。

⑤钟也一钟：借出一钟，收息一钟。

⑥中伯伍：合计百分之五十。

⑦福：通“辐”，车辐。

⑧中钟五釜：合计一钟收五釜的利息。

⑨衍处：处于低洼水泽之地。

⑩镰枝兰鼓：绣有镰枝兰鼓图案的文锦。

⑪责：通“债”。

⑫稽颡：屈膝下拜，以额触地。

⑬反准：与平准相反的政策。平准用以理财盈利，此处，国家不但没有任何收益，反而支付文锦三千纯，所以称之“反准”。

译文

桓公说：“我事务繁多，只好下令让税官对富商大贾和放贷者征收赋税，以此帮助贫民、农夫，使他们维持农业生产。如果不这样做，还有其他办法吗？”管子回答说：“只有运用相反的号令才可以做到。”桓公说：“具体怎么做呢？”管子回答说：“请把宾胥无派往南方，隰朋派往北方，宁戚派往东方，鲍叔派往西方。四个人的行程确定下来，我对他们宣布号令说：‘你们都去为君主调查一下四方放贷的情况，看看负债的贫民有几千家，并报告给我。’”鲍叔乘车到了西方，回来报告说：“西方的百姓，面对济水背靠黄河，住在草地沼泽之中，他们以渔猎打柴为生。那些放贷的人家，多的贷出一千钟，少的贷出六七百钟。他们贷出一钟，收息一钟。借债的贫民有九百多家。”宾胥无乘车到了南方，回来报告说：“南方的百姓，在山上和谷中居住，经常登山下谷。他们以砍伐木材、采摘橡栗、田间狩猎为生。那些放贷的人家，多的贷出一千万，少的贷出六七百万。他们放贷的利息，合计百分之五十。借债的贫民有八百多家。”宁戚乘车到了东方，回来报告说：“东方的百姓，居山靠海，地处山谷，他们上山伐木，同时渔猎，并以纺织葛布为生。那里的放贷者，有丁、惠、高、国四家，多的贷出五千钟，少的贷出三千钟。他们贷出一钟，收息五釜。借债的贫民有八九百家。”隰朋乘车到了北方，回来报告说：“北方的贫民，背靠大海，居住在沼泽地带，他们煮水制盐，济水捕鱼，且靠打柴为生。那些放贷的人家，多的贷出一千万，少的贷出六七百万。他们放贷的利息，合计百分之二十。借债的贫民有九百多家。”放贷者总计放贷三千万钱、三千万钟左右的粮食，借债的贫民有三千家。四个人报告完毕，管子说：“想不到我们一国的百姓，竟然有五个君主在征敛。这个样子，要想国家不穷，军队不弱，怎么可能呢？”桓公说：“有什么办法可以解决这个问题？”管子说：“只有借助反准的号令才可以解决。请下令前来朝拜贺献的，都要带上有镂枝兰鼓图案的美锦，则这种美锦的价格肯定上涨十倍，您藏在栈台的同样的美锦也会上涨十倍。您下令召见那些放贷的人，顺便宴请他们，并让太宰敬酒。这时您就起身问候说：‘我事务繁忙，让税官向全国征税。听说你们向贫民放贷，使他们得以完成纳税的任务。我这里有镂枝兰鼓图案的美锦，一纯价值一万钱。我想用它们为贫民偿还借贷，免除他们的债务负担。’放贷的人将会纷纷俯首叩拜，并说：‘您关怀百姓竟到了这种地步。请允许我们再次叩拜并把债券捐献于堂下。’您就说：‘不可以。你们放贷，使我国百姓春天得以耕，夏天得以耘。我感谢你们，没什么可表示的，如果这些东西不肯接受，我于心不安。’放贷的人将会说：‘我们再次下拜并接受。’这样，国家拿出栈台所藏的不足三千纯的美锦，便偿还了四方贫民的利息，免除了他们的债务。四方的贫民听到后，父亲将教导子女，兄长将教导弟弟，说：‘开垦土地，种植粮食，是君主的当务之急，难道可以不用心吗？君主对我们的关怀竟然到了这种地步！’这就叫作反准。”

桓公曰："齐西水潦而民饥，齐东丰庸而粟贱，欲以东之贱被西之贵[①]，为之有道乎？"管子对曰："今齐西之粟釜百泉，则鏂二十也。齐东之粟釜十泉，则鏂二钱也。请以令籍人三十泉，得以五谷菽粟决其籍。若此，则齐西出三斗而决其籍，齐东出三釜而决其籍。然则釜十之粟皆实于仓廪，西之民饥者得食，寒者得衣，无本者予之陈[②]，无种者予之新。

若此，则东西之相被，远近之准平矣。”

注释

①被：补偿。

②陈：陈粮。

译文

桓公说：“齐国西部发生水灾，人民忍饥挨饿；齐国东部粮食丰收，价格低廉。我想以东部低价的粮食补偿西部高价的粮食，应该怎么做呢？”管子回答说：“现在齐国西部的粮食每釜一百钱，一钣二十钱。齐国东部的粮食每釜十钱，一钣二钱。请下令每人征收三十钱的税，并要求用粮食来缴纳。这样，齐国西部每人只需缴三斗粮食就可以完成，齐国东部每人需要缴纳三釜粮食才能完成。于是，一釜十钱的齐国东部的粮食就全部进入国家粮仓了。借此，西部的饥民就能得到粮食，受冻的人也能得到衣服，没有本钱的人可以为他们提供陈粮，没有种子的人可以为他们提供新粮。这样一来，东西双方相互补偿，远近的粮价也就得到平衡了。”

桓公曰：“四郊之民贫，商贾之民富，寡人欲杀商贾之民以益四郊之民，为之奈何？”管子对曰：“请以令决瓁洛之水[①]，通之杭庄之间。”桓公曰：“诺。”

行令未能一岁，而郊之民殷然益富，商贾之民廓然益贫。桓公召管子而问曰："此其故何也？"管子对曰："决瓁洛之水通之杭庄之间，则屠酤之汁肥流水[2]，则蟁母巨雄、翡燕小鸟皆归之[3]，宜昏饮，此水上之乐也。贾人蓄物而卖为雠，买为取[4]，市未央毕，而委舍其守列[5]，投蟁母巨雄。新冠五尺请挟弹怀丸游水上，弹翡燕小鸟，被于暮。故贱卖而贵买。四郊之民卖贵而买贱，何为不富哉？商贾之人，何为不贫乎？"桓公曰："善。"

注释

①瓁洛：水名。

②屠酤之汁：屠户、酒馆流出的油水。

③蟁wén母：一种大鸟。翡燕：一种小鸟。

④卖为雠，买为取：速售速买。

⑤委：放弃，丢弃。

译文

桓公说："周边的农民贫困，商人富裕，我想消减商人的利益用以补助各地的农民，该怎么办呢？"管子回答说："请下令疏通瓁洛河道，让它从杭、庄之间流过。"桓公说："可以。"命令实行不到一年，周边的农民果真富裕起来，商人却一天天贫困下去。桓公召见管子问道："这是什么原因呢？"管子回答说："疏通瓁洛河道，使之从杭、庄之间流过，两边的屠户、酒馆所产的油水就流入水中，鼞母那样的大鸟和翡燕那样的小鸟便飞来聚集在油水上，黄昏时在那里觅食，这是它们的水上之乐。这时，商人携带货物亟于迅速卖出，买时又亟于快点买进，以便于在市场尚未散尽的时候匆匆离开他们的货摊，去捕捉鼞母大鸟。刚成年的年轻人，也带着弹丸游玩于水上，以便弹打翡燕小鸟，直到天黑。所以，商人一直是贵买而贱卖。农民卖贵而买贱，怎能不富？商人又怎能不穷呢？”桓公说：“好。”

桓公曰：“粜贱[①]，寡人恐五谷之归于诸侯，寡人欲为百姓万民藏之，为此有道乎？”管子曰：“今者夷吾过市，有新成囷京者二家[②]，君请式璧而聘之。”桓公曰：“诺。”行令半岁，万民闻之，舍其作业而为囷京以藏菽粟五谷者过半。桓公问管子曰：“此其何故也？”管子曰：“成囷京者二家，君式璧而聘之，名显于国中，国中莫不闻。是民上则无功显名于百姓也，功立而名成。下则实其囷京，上以给上为君[③]。一举而名实俱在也，民何不为也？”

注释

①粜贱：粮食卖出的价格低。

②囷qūn京：粮仓。囷，圆形粮仓。京，大型粮仓。

③上以给上为君：上可以为国君供给粮食。

译文

桓公说：“粮食销售价格低，我担心粮食会流到其他诸侯国去。我想让百姓们把粮食储藏起来，有什么办法呢？”管子说：“今天我经过街市，看到有两户人家都新建起了粮仓。请您带上玉璧去慰问他们。”桓公说：“可以。”这之后半年，全国上下的百姓都听说了，那些放下手中的活儿去建造粮仓以储藏粮食的人超过了半数。桓公问管子说：“这是什么缘故呢？”管子说：“新建粮仓的那两户人家，您带上玉璧去慰问，这使他们名扬国内，老百姓都知道了。这样，他们对于您本来没有功劳却显名于百姓之中，这使他们名利双收。对下而言，他们自己储存了粮食；对上而言，他们又能供给国家。一个简单的筑仓之举既赢得了名又得到了实际的利益，老百姓为什么不愿意去做呢？”

轻重戊

题解

本篇主旨同《轻重乙》。

桓公曰："鲁梁之于齐也，千谷也[①]，蜂螫也，齿之有唇也。今吾欲下鲁梁,何行而可？"管子对曰："鲁梁之民俗为绨[②]。公服绨，令左右服之，民从而服之。公因令齐勿敢为，必仰于鲁梁，则是鲁梁释其农事而作绨矣。"桓公曰："诺。"即为服于泰山之阳，十日而服之。管子告鲁梁之贾人曰："子为我致绨千匹，赐子金三百斤，什至而金三千斤。"则是鲁梁不赋于民，财用足也。鲁梁之君闻之，则教其民为绨。十三月，而管子令人之鲁梁，鲁梁郭中之民道路扬尘[③]，十步不相见，曳絺而踵相随[④]，车毂齺[⑤]，骑连伍而行。管子曰："鲁梁可下矣。"公曰："奈何？"管子对曰："公宜服帛，率民去绨。闭关，毋与鲁梁通使。"公曰："诺。"后十月，管子令人之鲁梁，鲁梁之民饿馁相及，应声之正无以给上。鲁梁之君即令其民去绨修农。谷不可以三月而得，鲁梁之人籴十百，齐粜十钱。二十四月，鲁梁之民归齐者十分之六。三年，鲁梁之君请服。

注释

①千谷：自己田地边沿的庄稼。千，通“阡”，田间小路。

②绨tí：既厚又平滑的绸。

③郭：通“廓”，城。

④曳纟乔juē：拖着鞋。纟乔，同“屩juē”，草鞋。

⑤齺zōu：牙齿交错的样子。

译文

桓公说：“鲁国和梁国对于齐国来说，就像是田边的庄稼，蜂身上的尾螫，牙齿外面的嘴唇。现在我想征服鲁国和梁国，怎样进行才好？”管子回答说：“鲁国、梁国的百姓以织绨为业。您穿上用绨做成的衣服，让身边的人也穿上，齐国百姓也会跟着穿。您下令齐国不准织绨，一定仰仗鲁、梁的供给。这样，鲁、梁的百姓就会放弃农业生产而去织绨。”桓公说：“可以。”于是在泰山的南面制作绨服，十天之后全都穿上了。管子告诉鲁、梁的商人说：“你们给我贩运一千匹绨，我给你们三百斤黄金，贩运一万匹绨，给你们三千斤黄金。”这样，鲁、梁二国不用向百姓征税，财用也就充足了。鲁、梁的国君听说后，就要求他们国家的百姓全力织绨。十三个月后，管子派人到鲁、梁探听消息，鲁、梁城中路上尘土飞扬，十步之内互相看不清，人们脚跟相接，只能拖着鞋子走，车毂相交错，骑马的人列队而行。管子说："鲁、梁二国可以征服了。"桓公说："怎么做？"管子回答说："您应该改穿帛料的衣服，带领百姓不再穿绨服，同时关闭关卡，不要与鲁、梁进行经济往来。"桓公说："可以。"之后十个月，管子再派人到鲁、梁探听消息，鲁、梁二国的老百姓饥饿声连成一片，连朝廷最基本的税收都拿不出来。鲁、梁的国君立即下令让百姓停止织绨而修整农业。但粮食是不能在三个月内就生产出来的，鲁、梁的百姓买粮，每石要花去上千钱，而齐国境内的粮价每石才十钱。二十四个月之后，鲁、梁二国有十分之六的老百姓归附了齐国。三年后，鲁、梁二国的国君也都归附齐国了。

桓公问管子曰："民饥而无食，寒而无衣，应声之正无以给上，室屋漏而不治，墙垣坏而不筑，为之奈何？"管子对曰："沐涂树之枝也[①]。"桓公曰："诺。"令谓左右伯沐涂树之枝[②]。左右伯受，沐涂树之枝阔。其年[③]，民被帛布，清中而浊[④]，应声之正有以给上，室屋漏者得治，墙垣坏者得筑。公召管子问曰："此何故也？"管子对曰："齐者，夷莱之国也。一树而百乘息其下者，以其不捎也[⑤]。众鸟居其上，丁壮者胡丸操弹居其下[⑥]，终日不归。父老柎枝而论[⑦]，终日不归。归市亦惰倪[⑧]，终日不归。今吾沐涂树之枝，日中无尺寸之阴，出入者长时[9]，行者疾走，父老归而治生，丁壮者归而薄业[10]。彼臣归其三不归，此以乡不资也[11]。”

注释

①沐：修剪。涂：通“途”。

②左右伯：官名。

③其：同“期”。期年，一整年。

④清中而浊：空洞的肚子有了饭吃。

⑤捎：剪除。

⑥胡丸：怀揣着弹丸。胡，通“袖hú”。

⑦柎fǔ：通“拊”，倚抚。

⑧倪：通“睨”，眼睛小闭。

⑨长时：珍惜时间。

⑩薄：勉力，勤勉。

⑪乡：通“向”，以前。

译文

桓公问管子说：“人民饥饿却没有饭吃，寒冷却没有衣服穿，连最基本的税收也缴纳不上，房屋漏雨不肯修缮，墙垣损坏不肯修筑，该怎么办呢？”管子回答说：“请剪掉道路两旁的树枝。”桓公说：“可以。”于是下令让左右伯剪掉道路两旁的树枝。左右伯接受命令，把道路两旁的树枝修剪得很稀疏。一年之后，老百姓都穿上了帛衣，原来吃不饱肚子现在也可以吃饱了，最基本的税收也能按时上缴，漏雨的房屋得到了修缮，损坏的墙垣得到了修筑。桓公召管子问："这是什么原因呢？"管子回答说："齐国，本属于东夷莱国。一棵树下常常停有上百辆车休息，这是因为树枝没有修剪，众多鸟儿在上面栖居，许多青壮年男子拿着弹弓和弹丸在树下打鸟，整日不归。父老们扶着树枝闲聊，整日不归。从集市上回来的人也在树下懒惰思睡，整日不归。现在我把道路两旁的树枝都剪掉了，中午的时候连一点树荫也没有，无论是外出的人还是回家的人都开始珍惜时间了，过路者匆匆赶路，父老们赶回家抓紧干活，青壮年赶回家努力工作。我解决了三不归的问题，以前百姓钱粮匮乏的状况也就解决了。"

桓公问于管子曰："莱莒与柴田相并[①]，为之奈何？"管子对曰："莱莒之山生柴，君其率白徒之卒铸庄山之金以为币[②]，重莱之柴贾。"莱君闻之，告左右曰："金币者，人之所重也。柴者，吾国之奇出也。以吾国之奇出，尽齐之重宝，则齐可并也。"莱即释其耕农而治柴。管子即令隰朋反农。二年，桓公止柴。莱莒之籴三百七十，齐粜十钱。莱莒之民降齐者十分之七。二十八月，莱莒之君请服。

注释

①与：以。柴田相并：砍柴业与农业并重。

②白徒：未经训练的士兵。

译文

桓公问管子："莱、莒两国以柴业和农业并重谋生，该怎样制服他们？"管子回答说："莱、莒两国的山上盛产薪柴，您带上一部分新征士兵在庄山那里冶炼黄铜、铸造钱币，然后提高莱国的柴价。"莱国国君听说后，对手下的人说："钱币，是人们所珍重的东西。薪柴，是我们国家的特产。用我们国家的特产，换尽齐国的钱币，我们就可以兼并齐国。"于是，莱国上下都放下手中的农业生产而专事砍伐薪柴，管子立即命令隰朋让铸币的士兵返回从事农业生产。两年后，桓公停止从莱国收购薪柴。莱、莒两国的粮价每石高达三百七十钱，而齐国的粮价每石只有十钱。莱、莒两国有十分之七的百姓归附了齐国。二十八个月后，莱、莒两国的国君也都请求归附了。

桓公问于管子曰："楚者，山东之强国也[①]，其人民习战斗之道。举兵伐之，恐力不能过。兵弊于楚，功不成于周，为之奈何？"管子对曰："即以战斗之道与之矣[②]。"公曰:"何谓也?"管子对曰:"公贵买其鹿。"桓公即为百里之城，使人之楚买生鹿。楚生鹿当一而八万。管子即令桓公与民通轻重[③]，藏谷什之六。令左司马伯公将白徒而铸钱于庄山，令中大夫王邑载钱二千万，求生鹿于楚。楚王闻之，告其相曰:"彼金钱，人之所重也，国之所以存，明王之所以赏有功。禽兽者群害也，明王之所弃逐也。今齐以其重宝贵买吾群害，则是楚之福也，天且以齐私楚也。子告吾民急求生鹿，以尽齐之宝。"楚人即释其耕农而田鹿。管子告楚之贾人曰:"子为我致生鹿二十，赐子金百斤。什至而金千斤也。"则是楚不赋于民而财用足也。楚之男子居外，女子居涂。隰朋教民藏粟五倍，楚以生鹿藏钱五倍。管子曰:"楚可下矣。"公曰:"奈何?"管子对曰:"楚钱五倍，其君且自得而修谷[④]。钱五倍，是楚强也。"桓公曰:"诺。"因令人闭关,不与楚通使。楚王果自得而修谷，谷不可三月而得也，楚籴四百，齐因令人载粟处芊之南，楚人降齐者十分之四。三年而楚服。

注释

①山东：太行山以东。

②战斗之道：这里指经济上的图谋兼并的战略。

③与民通轻重：对人民实施轻重之术。

④且：将。

译文

桓公问管子说："楚国，是太行山以东的强国，那里的人民擅长作战。领兵进攻，恐怕实力比不上它。军事上败给楚国，就不能为周天子立功，这该怎么办呢？"管子回答说："就用经济上的战术对付它。"桓公说："这怎么讲？"管子回答说："您高价收买楚国的鹿。"于是桓公营建了一个方圆百里的鹿苑，并派人到楚国收购活鹿。楚国的活鹿是一只八万钱。管子让桓公实施轻重之术，储备了国内十分之六的粮食，并派左司马伯公带领新征士兵在庄山铸造钱币，派中大夫王邑带上二千万钱，去楚国购买活鹿。楚王知道后，对丞相说："钱币，是人们所珍重的东西，国家凭此得以生存，圣明的君主凭此赏赐有功之臣。禽兽，是一群有害之物，是圣明的君主竭力弃逐的东西。现在齐国用钱币高价购买我国的害物，这是楚国的福气，是上天要把齐国私下里给予楚国。你通告我国国民，赶快去猎取活鹿，以便换尽齐国的钱币。"楚国人立刻放下手头的农业生产而去猎取活鹿。管子对楚国的商人说："你们给齐国贩运二十只活鹿，给你们一百斤黄金；二百只活鹿，给你们一千斤黄金。"这样，楚国不再向人民征税，国家财用也就够用了。楚国的男子在外面捕鹿，女子等在路上接应。隰朋让齐国百姓储存五倍于往日的粮食，楚国也因出售活鹿而储存了五倍于往日的钱财。管子说："楚国可以拿下了。"桓公说："怎么做？"管子回答说："楚国增加了五倍的钱财，他们的国君自鸣得意将准备修整农业。五倍的钱财，这是楚国的强势所在。"桓公说："是的。"于是，派人封闭关卡，不再与楚国来往。楚王果真自鸣得意而准备修整农业，可是粮食不可能在三个月内生产出来，结果楚国的粮价高至每石四百钱。齐国便派人把大批粮食运往楚国的南部销售，十分之四的楚国人都归附了齐国。三年后，楚国全部归附。

桓公问于管子曰："代国之出，何有？"管子对曰："代之出，狐白之皮[①]，公其贵买之。"管子曰："狐白应阴阳之变，六月而壹见。公贵买之，代人忘其难得，喜其贵买，必相率而求之。则是齐金钱不必出，代民必去其本而居山林之中[②]。离枝闻之[③]，必侵其北。离枝侵其北，代必归于齐。公其令齐载金钱而往。"桓公曰："诺。"即令中大夫王师北将人徒载金钱之代谷之上，求狐白之皮。代王闻之，即告其相曰："代之所以弱于离枝者，以无金钱也。今齐乃以金钱求狐白之皮，是代之福也。子急令民求狐白之皮以致齐之币，寡人将以来离枝之民。"代人果去其本，处山林之中，求狐白之皮。二十四月而不得一。离枝闻之，则侵其北。代王闻之，大恐，则将其士卒葆于代谷之上[④]。离枝遂侵其北，王即将其士卒愿以下齐。齐未亡一钱币，修使三年而代服。

注释

①狐白之皮：银狐的皮。银狐又称白狐，其皮毛随季节而有变化。用于制裘，非常珍贵。

②本：农业。

③离枝：古国名。

④葆：守。

译文

桓公问管子说："代国的特产有什么？"管子回答说："代国的特产，是银狐皮，您可以高价购买。"管子接着说："银狐的皮毛适应寒暑的变化，六个月出现一次。您高价购买，代国人将陶醉于它的高价而纷纷去猎取，而忘记它难以捕获。这样，齐国不必拿出金钱，代国人也会放弃农业到深山里去捕猎。离枝国听到消息，必然侵占代国的北部。离枝国侵占代国的北部，代国一定会归附齐国。您现在就可以派人带上金钱去那里收购。"桓公说："可以。"于是，派中大夫王师北带上钱币到了代谷那里，购买银狐皮。代王听到后，马上对宰相说："代国之所以比离枝国力量薄弱，就是因为缺少金钱。现在齐国用高价求购银狐皮，这是代国的福气。你赶快让百姓们去捕猎银狐以换取齐国的钱币，我将用它招徕离枝国的百姓。"代国人果真放弃了农业生产，居住在山林之中捕猎银狐。可是，二十四个月都没有弄到一张银狐皮。离枝听到消息，就侵占代国的北部。代国国君知道后，极为惊恐，带领将士退守在代谷地区。离枝终于占领了代国北部，代国国君只好自愿归附齐国。齐国没有花费一个钱币，仅仅派遣使臣交涉了三年，代国就归附了。

桓公问于管子曰："吾欲制衡山之术，为之奈何？"管子对曰："公其令人贵买衡山之械器而卖之[①]。燕、代必从公而买之，秦、赵闻之，必与公争之。衡山之械器必倍其贾。天下争之，衡山械器必什倍以上。"公曰："诺。"因令人之衡山求买械器，不敢辩其贵贾。齐修械器于衡山十月，燕、代闻之，果令人之衡山求买械器。燕、代修三月，秦国闻之，果令人之衡山求买械器。衡山之君告其相曰："天下争吾械器，令其贾再什以上。"衡山之民释其本，修械器之巧[②]。齐即令隰朋漕粟于赵[③]。赵粜十五，隰朋取之石五十。天下闻之，载粟而之齐。齐修械器十七月，修籴五月，即闭关不与衡山通使。燕、代、秦、赵即引其使而归[④]。衡山械器尽，鲁削衡山之南，齐削衡山之北。内自量无械器以应二敌，即奉国而归齐矣。

注释

①械器：军事装备。

②巧：技术，技巧。

③漕粟：水路运输粮食。

④引：召。

译文

桓公问管子说："我打算策划一个制服衡山国的办法，该怎么做呢？"管子回答说："您派人高价购买衡山国的军事器械再进行转卖。燕国、代国一定效仿您的样子去买，秦国、赵国听到后，一定参与进来与您竞争。衡山国的军械价格一定会增加一倍。若天下各国都去争着购买，其价格一定会增加十倍以上。"桓公说："可以。"于是，派人到衡山国购买军事器械，不跟他们讨价还价。齐国在衡山国购买军械十个月以后，燕国、代国听说了，果真也派人到衡山国去购买军事器械。燕国、代国购买器械三个月后，秦国听说了，果真也派人到衡山国去购买器械。衡山国国君告诉宰相说："天下各国争相购买我国的军事器械，把器械价格再提高十倍以上。"于是衡山国的百姓都放弃农业生产，去发展制造军械的工艺技巧。齐国便派隰朋通过水路去赵国购买粮食，赵国的粮价是每石十五钱，隰朋则以每石五十钱的价格购买。天下各国听说后，都把粮食运到齐国销售。齐国用十七个月的时间购买衡山国的军事器械，用五个月的时间收购各国的粮食，之后封闭关卡不再与衡山国往来。燕、代、秦、赵各国也随即召回了各自的使者。衡山国的军事器械销售一空，鲁国侵占了它的南部，齐国侵占了它的北部。衡山国自量没有军事器械对付两大敌国，于是举国上下归附了齐国。

中国古典文化大系

第一辑

《论语》译注
《孔子家语》译注
《礼记·孝经》译注
《尚书》译注
《左传》译注
《世说新语》译注
《搜神记》译注
《宋词三百首》注释
《人间词话》注释
《三十六计》译注

第二辑

《老子》译注
《孟子》译注
《三国志》译注
《元曲三百首》注释
《三字经·百家姓·千字文·弟子规》译注
《大学·中庸》译注
《群书治要》译注
《陶庵梦忆》评注
《孙子兵法·孙膑兵法》译注
《庄子》译注

第三辑

《山海经》译注
《千家诗》评注
《子不语》译注
《菜根谭》译注
《贞观政要》译注
《西京杂记》译注
《西湖梦寻》评注
《沧浪诗话》评注
《聊斋志异》译注
《阅微草堂笔记》译注

第四辑

《诗经》评注
《楚辞》评注
《商君书》译注
《韩非子》译注
《吕氏春秋》译注
《吴越春秋》译注
《古列女传》译注
《纳兰词》评注
《了凡四训》浅释
《心经·金刚经·坛经》译注

第五辑

《六韬·鬼谷子》译注
《曾子·子思子》译注
《荀子》译注
《孔丛子》译注
《史记》译注
《人物志》译注
《诗品》译注
《颜氏家训》译注
《文心雕龙》译注
《茶经》译注

第六辑

《周易》译注
《列子》译注
《墨子》译注
《管子》译注
《国语》译注
《晏子春秋》译注
《战国策》译注
《淮南子》译注
《汉书》译注
《后汉书》译注

第七辑

《九章算术》译注
《水经注》译注
《资治通鉴》译注
《梦溪笔谈》译注
《东京梦华录》译注
《唐诗三百首》评注
《闲情偶寄》译注
《随园诗话》译注
《古文观止》译注
《地藏经·药师经》译注

图书在版编目（CIP）数据

管子译注 / 耿振东译注．—上海：上海三联书店，2014.4

ISBN 978-7-5426-4627-9

Ⅰ．①管… Ⅱ．①耿… Ⅲ．①法家②《管子》－译文③《管子》－注释 Ⅳ．①B226.1

中国版本图书馆 CIP 数据核字（2014）第 035496 号

管子译注

译　　注 / 耿振东
责任编辑 / 陈启甸　王倩怡
特约编辑 / 张红丽
装帧设计 / Metis 灵动视线 TEL.010-85983452
监　　制 / 吴　昊
出版发行 / 上海三联书店
（201199）中国上海市都市路 4855 号 2 座 10 楼
http://www.sjpc1932.com
邮购电话 / 021-24175971
印　　刷 / 北京凯达印务有限公司
版　　次 / 2014 年 4 月第 1 版
印　　次 / 2016 年 4 月第 2 次印刷
开　　本 / 960×640　1/16
字　　数 / 139 千字
印　　张 / 22

ISBN 978-7-5426-4627-9/B・347

定　价：32.80元